MICHEL LEIRIS

L'ÂGE D'HOMME

成人之年

[法] 米歇尔·莱里斯 著

东门杨 译

生活·讀書·新知 三联书店

Simplified Chinese Copyright © 2018 by SDX Joint Publishing Company.
All Rights Reserved.
本作品简体中文版权由生活・读书・新知三联书店所有。
未经许可，不得翻印。

图书在版编目（CIP）数据

成人之年／（法）米歇尔・莱里斯著；东门杨译．—北京：
生活・读书・新知三联书店，2018.11
（法兰西思想文化丛书）
ISBN 978-7-108-06221-5

Ⅰ.①成…　Ⅱ.①米…②东…　Ⅲ.①米歇尔·莱里斯(1901-1990)－自传　Ⅳ.①K835.655.6

中国版本图书馆CIP数据核字（2018）第022928号

特邀编辑	张艳华
责任编辑	徐国强
装帧设计	康　健
责任校对	龚黔兰
责任印制	徐　方
出版发行	生活・讀書・新知 三联书店
	（北京市东城区美术馆东街22号 100010）
网　　址	www.sdxjpc.com
图　　字	01-2018-3042
经　　销	新华书店
印　　刷	河北鹏润印刷有限公司
版　　次	2018年11月北京第1版
	2018年11月北京第1次印刷
开　　本	880毫米×1092毫米　1/32　印张6.5
字　　数	130千字
印　　数	0,001-7,000册
定　　价	39.00元

（印装查询：01064002715；邮购查询：01084010542）

"法兰西思想文化丛书"编委会

（以姓氏笔画为序）

王东亮　车槿山　许振洲　杜小真

孟　华　罗　芃　罗　湉　杨国政

段映虹　秦海鹰　高　毅　程小牧

"法兰西思想文化丛书"总序

20世纪90年代,北京大学法国文化研究中心(前身为北京大学中法文化关系研究中心)与三联书店合作,翻译出版"法兰西思想文化丛书"。丛书自1996年问世,十余年间共出版27种。该书系选题精准,译介严谨,荟萃法国人文社会诸学科大家名著,促进了法兰西文化学术译介的规模化、系统化,在相关研究领域产生广泛而深远的影响。想必当年的读书人大多记得书脊上方有埃菲尔铁塔标志的这套小开本丛书,而他们的书架上也应有三五本这样的收藏。

时隔二十年,阅读环境已发生极大改变。法国人文学术之翻译出版蔚为大观,各种丛书系列不断涌现,令人欣喜。但另一方面,质与量、价值与时效往往难以两全。经典原著的译介仍有不少空白,而填补这些空白正是思想文化交流和学术建设之根本任务之一。北京大学法国文化研究中心决定继续与三联书店合作,充分调动中心的法语专家优势,以敏锐的文化学术眼光,有组织、有计划地继续编辑出版这套丛书。新书系主要包括两方面,一是推出国内从未出版过的经典名著中文首译；二是精选当年丛书中已经绝版的佳作，由译者修订后再版。

如果说法兰西之独特魅力源于她灿烂的文化，那么今天在全球化消费社会和文化趋同的危机中，法兰西更是以她对精神家园的守护和对人类存在的不断反思，成为一种价值的象征。中法两国的思想者进行持久、深入、自由的对话，对于思考当今世界的问题并共同面对人类的未来具有弥足珍贵的意义。

谨为序。

北京大学法国文化研究中心

献给乔治·巴塔耶
没有他就没有这本书

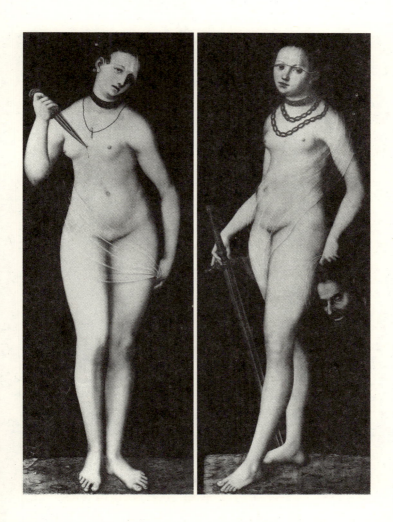

《鲁克丽丝与朱迪特》(*Lucrèce et Judith*)，木板上的双联油画，画家克拉纳赫（Lucas Cranach l'Ancien）创作于1537年，每张尺寸为172cm×64cm，原本收藏在德累斯顿博物馆，在"二战"中失踪，很可能毁于盟军1945年2月对该城的地毯式轰炸。

目 录

"法兰西思想文化丛书"总序 ········· 1

文学斗牛术 ····················· 1

"我刚过三十四岁" ············· 16
 衰老和死亡 ················· 19
 超自然 ····················· 24
 无限 ······················· 25
 灵魂 ······················· 25
 主观与客观 ················· 27

Ⅰ 悲剧 ························ 31

Ⅱ 古代 ························ 41
 古代女性 ··················· 44
 女武士 ····················· 45

牺牲 ································· 46
妓院与博物馆 ······················· 49
家中精灵 ····························· 53
唐璜和骑士 ·························· 56

Ⅲ 鲁克丽丝 ································ 58
舅舅,杂技演员 ······················ 65
戳瞎眼 ································ 69
被罚的女孩 ·························· 70
殉道者 ································ 71

Ⅳ 朱迪特 ·································· 74
卡门 ·································· 80
格鲁 ·································· 80
莎乐美 ································ 81
埃莱克特拉,大利拉和弗罗里亚·托斯卡 ····· 84
幽灵船 ································ 85
纳尔基斯 ····························· 86

Ⅴ 霍洛芬斯的头颅 ······················· 90
割喉 ·································· 92
发炎的性器 ·························· 94
伤脚,被咬的屁股和开花的脑袋 ············ 95

噩梦 ……………………………… 97
哥哥敌人 …………………………… 101
哥哥朋友 …………………………… 106
伤口缝合 …………………………… 115

Ⅵ 鲁克丽丝和朱迪特 ……………………… 118

Ⅶ 霍洛芬斯之恋 …………………………… 136
凯伊 ………………………………… 140
霍洛芬斯的盛宴 ……………………… 160

Ⅷ 美杜萨之筏 ……………………………… 173
女人图案的头巾 ……………………… 181
流血的肚脐 …………………………… 182

注 释 ……………………………………… 185

译后记 ……………………………………… 192

文学斗牛术[1]

  法国法律为其属民划定出成熟年纪的界限[2]，我们只能生而服从。于是在1922年，《成人之年》的作者遭遇到自己生命的转折，这也是本书名字的由来。那是"大战"后的第四年，他所经历过的这场战争对于他，就像对于他那一代的很多孩子一样，用他们中一个人的话说，那仅仅意味着漫长的假期。[3]

  从1922年开始，对法定的成年与事实上的成熟应

---

[1] *De la littérature considérée comme une tauromachie*，直译为《论作为斗牛术的文学》，语出19世纪英国作家托马斯·德·昆西（Thomas de Quincey）探讨侦探小说的专著标题：*On Murder Considered As One Of The Fine Arts*（《论作为艺术的凶杀》），让·科克多（Jean Cocteau）曾化用这一标题作为他的艺术文集（*Essai de critique indirecte* 1932）的副标题：*Des Beaux-Arts considérés comme un assassinat*（《论作为凶杀的艺术》）。

[2] 1974年之前，法国法定的成人之年为21岁，1922年莱里斯刚好满21岁。

[3] 这里指作家雷蒙·拉迪盖（Raymond Radiguet）的小说《身体中的魔鬼》开篇的一句话。

该在理论上的吻合,他不再抱任何幻想。直到1935年,结束此书时,他确认自己的存在已经历了足够多的考验,以至于可以夸耀地宣称自己成人之年的到来。如今是1939年,"一战"后的那些懵懂青年,真切地看到这太平世界摇摇将倾。他们曾带着真正的热情全身投入其中,努力地表现出成熟的荣誉感,然而他们却终感绝望。作者毫不掩饰地承认,当他未来以这样或那样的方式经受了前辈们所面临的同样痛苦的考验后,他真正的"成人之年"仍有待自己去书写。

这书名今天看来似乎定得有些轻率,但鉴于作者无论如何也没有违背写作此书的初衷,他有理由坚持保留它。这初衷就是寻找一种生命的完满,而这完满只有在**净化**(catharsis)和清空之后才能获得,文学创作似乎是最合适的工具,特别是我们称之为"忏悔"的方式。

近些年来,自传式的小说、日记、回忆录、忏悔录形成了一股让人难以置信的潮流(仿佛,谈到文学作品,我们不再关心何为创造,只从**表达**的角度考虑创造。我们审视作品背后时隐时现的人,而不是作为编造之物的作品)。《成人之年》也毛遂自荐,它的作者并非想自我夸耀什么,只是试图以尽可能的明晰和真诚来讲述自己。

然而总有一件事使他坐立不安,让他思绪纷乱,无从下笔:如果写作仅仅是"美的"、不痛不痒的、不冒风险的；如果写作这个行为没有像**斗牛士**一样，需要面对与公牛锋利犄角相当的东西（这里应嵌入作者觉得最为珍贵的形象之一），因为这其中蕴藏着致命的威胁，赋予艺术人性的真实；如果写作带来的只是芭蕾舞鞋似的虚幻浮华，写作这件事是不是无甚价值？

将自己情感和性的种种困扰公布于众，公开忏悔——他无比羞愧的缺陷与怯懦——这种方式就如同将一只牛角的阴影引入到文学中来。也许这会让作者显得毫无优雅可言，甚至粗俗不堪，但这无疑会为他带来某种改变的希望。

上面就是我为《成人之年》在那场"奇怪战争"[1]爆发前夜写就的序言。今天，我在勒阿弗尔港（Le Havre）重新读它。这是我第九次来到这座小城度过我短暂的假期时光。在这里我很早就结识了各式各样的人物（我的朋友兰布尔、格诺、萨拉库[2]，他们就出生在此地；我认识在这里教书的萨特是在1941年，就是这一年，大部分留在法国的作家开始聚集在一起反抗纳粹的统治）。如今的勒阿弗尔港，从我

---

[1] 1939年9月，"二战"全面爆发初期英法在西线对德国"宣而不战"的状态。法国人称之为"奇怪的战争"，德国人称它为"静坐战"，英国人称它为"假战争"。

[2] 指法国诗人、作家乔治·兰布尔（Georges Limbour, 1900—1970），作家雷蒙·格诺（Raymond Queneau, 1903—1976），剧作家阿尔芒德·萨拉库（Armand Salacrou, 1899—1989）。

的阳台望去，一大半城市仍在废墟当中。这阳台的视野足够开阔，港口的景象尽收眼底，仿佛它存在的意义就是去估量那些落在市中心的炸弹将城市夷为平地的慑人灾难。一切就好像是一次摧毁重建，在最真实的世界里，在人们赖以生息的土地上，一次笛卡尔著名理论的大实践。从这个层面讲，《成人之年》所涉及的个人生命的辗转，一下子变得无足轻重。尽管，在理想的状态下，诗人的努力和真诚得以再现，然而他那种私密的苦痛在战争的恐怖面前似乎不值一提，即使是撕心裂肺的疼痛也终究显得不合时宜；我不禁自问，在被扭曲世界的无尽喧闹中，那些狭隘的关于自身困境的呻吟是否还有必要？

　　同样还是勒阿弗尔港，余下的世界仍在继续，城市生活仍不屈不挠地存在。尽管是多雨的季节，在那些幸免于难的房子上空，在那些大片的废墟之上，我们时时还能见到明亮而温和的阳光。宽阔的海面和闪亮的屋顶，远处海水波涛翻涌，近处是大片大片被夷为平地的空旷街区（在我看来还将被弃置许久，等待重新修葺）。如果天气不好，它们将忍受那海边潮湿空气的侵蚀。如今，这城市重又汽车马达轰鸣，有轨电车、自行车往来穿梭。人们或是惬意地闲逛，或是匆匆地行过，这里又恢复了人间烟火。我注视着这一切，一个并未置身其中的旁观者（如果这是个浴场，我也仅仅是涉足而过），毫无顾忌地窃取了观赏这残破风景的权利。就像绘制一张漂亮的油画，通常我们会评判说这是光亮与阴影的结合，是哀婉留白与丰沛色彩的统一。这片如今人们照常生活居住的地方，仅仅一年前还上演着一出悲剧。

　　于是，我时常梦见公牛的犄角。我并不甘心只做个文人。斗牛士，被危险吸引，追求极致境界，展现他所有的技艺与风格，在一瞬间，承受最恐怖的威胁，这才是让我惊叹不已的人，我梦想成为的人。然而要用普普通通的自传写作达到这一目的，所需的条件十分苛刻——公开忏悔，把自己的私生活完全展露出来，这无疑将置我于极危险的境地。对于易受伤和敏感的我来说，这一尺度尤难把握。我要力图摆脱表达的尴尬，同时怀着纯净之心，勾勒出我的面貌，以自己的方式揭穿自己给别人的虚假幻象。为了达到**净化**和完全的自我解脱，我的自传需要选择一种叙述方式，既能激发我的创作，同时也能让叙述尽可能地被人接受。我将这些寄希望于严格而细致的笔法和关于悲剧的粗浅认知，也就是说用文字中所提及的那些象征去阐明我故事的全部。《圣经》中的形象、经典的古代人物、戏剧中的英雄，当然还有**斗牛士**——这些心理学意味的神话摆在我面前，是因为它们对我有着启发性的价值。它们既构成文学层面的直接主题，又是表达的媒介，使得某些貌似重大的东西介入进来，在那些我深知无足轻重的地方。

　　精心绘制一幅最接近曾经的自己的画像（就像一些人只在画作中描绘平淡的风景和日常事物一样），除非它触及风格或结构，不让一点对艺术技巧的疑虑掺杂进来：这就是我对自己的要求。就如我所期待的，用我的绘画天分和我所标榜的那种清醒的自知去弥补自己作为模特的平庸。特别是，仿佛正因为这项事业的种种艰难，它提升了我的道德。如果这并不能消除我的种种软弱，但至少可以展示出我不加矫饰地观看自己的能力。

我所不能接受的是，内省基调里的自我欣赏和忏悔深处被宽恕的愿望。自我观看，不带任何矫饰，就是审视自己，眼睛只盯在自己身上，而不是将其置于自己之上，超越自己面向那些更加宽广的人类事物。在我精心撰写和构架的文字中（我尽力做到丰富可观、动人可感）揭下我的面具给人看，试图用文字吸引他们而得到谅解，试图将自己的丑闻框定在美感的形式之下。我相信我冒险押下的这个赌注与牛角间多少有那么一点点相像，一方面去战胜我的自恋倾向；另一方面试图去寻找一个评判者而不是同谋。同样，斗牛士为了保持住他英武的姿态和信心，为了以他精湛的技艺和洞察越过险境，他也要冒着失去一切的危险。

然而，对艺术家来说并不存在那种斗牛士所要面对的真正的死亡威胁，如果有也只是外在于他的艺术（尽管德占时期也有秘密的地下文学存在，有时也的确牵连着死亡，但这需要将其放置在它所介入的更加普遍的斗争中来看待。总的来说，这种斗争是独立于写作之外的）。那么，我是否有理由坚持这种比较？是否仍可将我的文字看作"将一只牛角的阴影引入到文学中来"？写作作为一种职业，是不是可以引入一种不至死亡而有正面意义的危险呢？

写一本书就是履行一个契约，总的来说，我写作《成人之年》时显现在我面前的、我所遵循的目标就是这个契约。对我来讲,正是得益于这个事先所规定的模式,我在写作此书时尽力遵从,尽力将所涉及的事情澄清。当然,仍会有一些事情含混不清,没法被完全阐明。关于这些事的精神分析法总能唤起我的注意,让我就像对待病人一样去检验自我。很显然,这个契约对他人来讲,无论我如何小心慎言,他们看待我的方式将从这本忏悔之作出版后完全改变。这个契约在文学上的意义,就在于揭开牌底,将所有赤裸(但并不骇人听闻)的真实展示出来。而在我之前的写作中,这种真实或多或少地会被遮掩,未曾完全暴露。虽然这种写作与"介入文学"相去甚远,但这却是一种文学,我将全部的自己介入其中。由内而外地,我等待着它改变我,唤醒我;也等待着它为我和他人的关系带来崭新的内容,首先是我和亲人间的关系(当我将那些我们原本可能已经怀疑的东西公之于众)将有所改变,虽然我还不能将其描述出来,但这种改变是确定无疑的。我并非是个随心所欲、玩世不恭的人,我只是想坦白一切,然后在新的基点上重新开始,将那些可亲可敬的关系维系下去。而与我相关的这些亲情从此不再有任何虚伪和矫饰。

从严格的美学观点看,这意味着将事实和形象一起不加修饰地糅合、展示出来,这些事实和形象绝非出自我的想象,一句话,这是一种对小说的否定。拒绝任何刻意的安排,只以真正的事实为材料(也不像经典小说来源于看似真实的社会新闻),除了事实别无其他,这就是我所选择的写作法则。这在安德列·布勒东的小说《娜嘉》中已初见端倪，而我则梦想着以我的方式重新开始。尽我所能——就像波德莱尔曾受到爱伦·坡《旁注》中一段话的启发——以自己的赤裸之心写就一本关于自己的书。在作者笔下，唯一的忧虑就是对自己真诚的担忧，"稿纸将在每一次火焰之笔的触及下起皱和燃烧"。

出于种种原因（有观念分歧，也有个人恩怨，在这里无法一一赘述），我脱离了超现实主义运动。然而，事实上我仍受着超现实主义的影响。那种无需辛苦追寻就显现给我们的开放的激发灵感的方式（无意识和偶发的写作）；那种连着梦境的诗艺价值（梦境蕴含着丰富的启发与暗示）；对弗洛伊德心理学的笃信（这种理论应用极具诱惑力的形象材料，且提供给每一个人一种便捷的自我升华的方式，直至悲剧层面，我们自认为成了新的俄狄浦斯）；对一切编造和杜撰的厌恶，也就是摒弃那些将真正发生的事实与纯粹想象的产物虚假地杂糅在一起的写作，我们亟需打破一些俗套（特别是就爱情来说，当无法在一个被诅咒的领域做出反应时，资产阶级的虚伪往往轻易地将爱情视为滑稽剧的笑料）。这些就是超现实主义的重点所在，虽然它们往往受制于大量的糟粕，充斥着自相矛盾。当我决定写作这本混杂着童年回忆、真实事件、确实可感的梦境与印象的作品时，这些超现实主义的精髓仍继续影响和渗透着我，就像是超现实主义的拼贴或冲洗重置的相片。但需要强调的是这本书使用的元素都有着严格的真实性和档案价值。这个现实主义的赌注——并非小说通常所捏造的那样，而有着积极的意义（因为它意味着只讲述真正经历过的事情，不加任何伪装）——不仅是我给自己规定的法则所强制的（给自己一个定位，公开揭穿自己），同时也回应了一个苛刻的美学要求：为了确保我写出的每一句话都特别浓烈、感情充沛，我只谈论亲身经历的、最触动我的事。换句话说，也就是所谓"本真"（authentique）的固有品质。确保真实，才有机会达到共鸣，而真实又是如此难以定义。"本真"这个词（应用范围宽广，特别是在纯粹的诗歌创作中）还远远没有把它解释清楚。讲述真实就是我所要尝试的，我对于写作艺术的观念和我介入写作的道德考量都汇集于此。

回到斗牛士的话题。我观察到，对他们来讲，斗牛这项运动也有着不能触犯的法则和本真性，因为斗牛士演出的悲剧是一出真实的悲剧，他往往血洒其中，出生入死。而问题是要弄清楚，在怎样的条件下，我所建立的这种关联（在斗牛士的特性和我写作的特性间）才不至于停留在简单的文字游戏之上。

众所周知，除非特殊情况，写作和出版一本自传并不对其所涉及的任何人的生死负有责任（至少因坦白所招来的致命的痛苦并不触及法律）。如果坦白太过火，以至于有违初衷的话，作者无疑将陷入众叛亲离的境地。然而，即使他不是纯粹的厚颜无耻，这样的后果也并非多么沉重（看看那些令人满意的地方吧，如果他看到一种新的健康的氛围在周围得以重新营造出来），而且他所押上的那部分赌注也完全是虚无缥缈的。无论如何，这样一种道德危机根本不能和斗牛士所面对的真实的、生命的危险相比较。就算写作与斗牛在**量**的层面上有着相同的衡量标准（如果觉得对某些人的爱慕和别人的看法比自己的生命还重要，如果沉迷于这种幻想的话），但在**质**的层面上，我出版这本忏悔录所冒的风险却与斗牛士作为职业杀手投入到游戏当中所面临的危险仍然相差甚远。咄咄逼人地公开自我的真相（我们痛苦迷恋着的）这种意图所包含的危险和一次生死角斗截然不同，无论这种意图会引起多么严重的后果。那么，我是否就应该认定，勾勒这两种戏剧性方式（不畏生死的行动和自担风险的写作）的相似性是在滥用类比呢？

我已特别强调自己写作此书的基本法则（说出一切事实，除了事实别无其他），它是忏悔者所必须遵从的。我也以此暗示角斗场上的斗牛士所必须守持的精确姿势。但对斗牛士来讲，这法则非但不能保护他，反而会置他于危险的境地。就好像斗牛士在种种必要的情势下刺出长剑，同时也将他自己的身体暴露给锋利的牛角。于是，在他所遵从的法则与必然的危险之间存在着一种直接的联系。然而，作家通过忏悔、袒露自我的方式，他所选择的这种严苛的法则与他所面临的潜在而直接的危险，难道就不成正比吗？其实言说事实，除了事实别无其他，这还并非全部：是否还应该直截了当地接近事实，不带任何矫饰地说出事实？所谓的矫饰就像是庄严的乐曲被加进哭腔、颤音，或是镀金的装饰音，其结果无非是或多或少地粉饰事实，弱化事实的残酷。这事实原本震撼视听，而如今听来却不甚了了。严格地遵守这法则所包含的戒律会带来必然的危险，而它正表明了我所要坚持的东西。我乐于将自己忏悔的行径与斗牛士涉险的行为相互比较，我可以毫无傲慢地坚持这一点。

我最初是从色情角度入手写作自己的生命故事的（一个优先的角度，因为性在我看来就像每个人人性大厦的基石），如同基督教所说的"肉体结合"，这种忏悔足以将我的行为塑造成斗牛士的方式。我乐于接受这个法则，正是它的严苛置我于危险的境地。我已然没必要去检验这个自己强加于自己的法则与规范斗牛士行动的法则的相似性，它们同样将危险置之度外。

一般来说，斗牛的法则遵循着一个永恒的目标：斗牛士除了迫使自己陷于极度危险的境地（一切都要求他熟练地掌握必要的技艺），以特定的（而不是随便什么的）方式解决对手，避免角斗成为一次简单的屠宰，也使得角斗如宗教仪式一样繁复。这法则展现了斗牛技术性的一面：他需要适时刺出他手中的剑，使那野兽瞬间毙命，免受折磨。同时，也展现了其美学的一面：斗牛士刺出手中的长剑，身姿挺拔，显示出俊美的侧影，露出一副傲慢与轻蔑的神态，在整个斗牛的过程中，他的双脚几乎是牢牢地钉在场上，他优雅地挥舞着斗篷，引诱、刺激着公牛在自己眼前反复贴身冲过，最终驯服这野兽，让它融入他的节奏当中，形成完美的协奏。通过这种相互影响的运动，人与这壮硕沉重带角的庞然大物浑然融为一体。一切交会在一起，斗牛士与公牛的相遇就如同一件**雕塑**，被捕捉到的瞬间成为永恒。

通过照片拼接的方法展开我的自传，选择足够客观的语调来表达自己，试着将我过去的生活浓缩成一块坚硬的岩石（我尽可能触及的这种客观，仿佛给自己上了一份死亡保险，然而吊诡的是，我又甘愿为这种客观去冒一切风险），如果我以上面的这些方式向梦敞开自己的大门（梦，这种被精神分析法证实又掺杂着浪漫色彩的元素，其抒情奔放就如同斗牛士挥舞他的斗篷，同时也包含着技术上的实用性），那么我所依从法则的严苛程度，就好像要去创作一部古典作品一样。总之，正是这种严苛——这种"古典主义"（它并不排斥如此过度的严苛，哪怕是在最程式化的悲剧中；它同样是寻求最大限度的真实，无论是对外形的考量，还是内在的想法）赋予了我创造某种东西的能力（如果我的创作可以获得同样的成功的话）。这种东西类似于**斗牛**所呈现的典范价值，然而并不是说，对牛角的想象就能赋予这种严苛以等同的价值。

我并非自己写作素材的主宰者，我需要充分用好我能搜集到的材料（既然我的生活应是它原来的样子，既然我的过去不容丝毫更改，这第一手的素材之于我，就像斗牛士面对牛栏里冲出的野兽，是命中注定无法回避的），将它们一一讲述出来，不夸张矫饰，不随性而为，就像遵从一种必须。再加上我所接受的非事先安排的偶然，以及我为自己订立的法则，这些都是我恪守的规则。（在各种意义之上）**暴露自我**的欲望构成了我创作的原动力，然而这个必要条件还不够充分。想要达到这个暴露自我的目的，还必须有自动自觉的力量和与之匹配的形式。我收集的形象，我选择的语气，让我对自己的认知更加深化和鲜活的同时，也成为我全部情感最好的表露和分享的方式（如果我可以做到）。同样，斗牛的法则（行动在严格的框架之内，而一切被一种戏剧性的偶然所主宰）既是对抗的技艺，同时也要富有仪式感。因此，这也需要我为自己订立的写作法则——被那种执意认清自己的愿望所支配——像卡农音乐一样，同时以一种有效的方式表演出来。如果坚持这种内涵与外延的同一性，更准确地说，内涵揭示给我唯一要看的是我给予这内涵怎样的外在形式，这种形式同样也可以让除我之外的人着迷，（穷尽有关的事物）启发他们在自己身上发现类似的东西，就像我在内心深处发现的那样。

上面所说这种内涵与外延的同一性，明显是我凭**经验**提出的，只为了更好地定义我引出的游戏。显然，我无法判断，这"斗牛术式"的法则是否能够像其风格一样有效？这法则既是行动指南，也避免了粗制滥造。甚至（在某些细节上），我也无法判断，我所追求的方法的必要性是否可以对应一种触及艺术创作的深层思索？

然而不言而喻的是，区分出的这种对我来说重要的文学类型（这种类型的作品中，牛角总是以这样或那样的形式出现：由于忏悔或颠覆性的内容，作者所承担的直接危险、如同在被牛角威胁或必须直面生存状况的方式、面对他者将生命介入到作品中的观念、在或可笑或疯狂的事物面前所保持的姿态、融入伟大的悲剧主题的决心），无论如何我可以指出——难道不就是在这里可以打开一扇门吗？——在确切的范围内，除了这个法则别无其他。对自身的严峻粗粝的剖析过程中，这个法则如同阿里阿德涅[1]的线团一样引导着作者，或是以持续不断的方式，或是以直截了当的方式，写就一部从文学上说"本真"的作品。因此，从这一刻起必须承认，在精神领域独具特性的文学活动，除了**洞悉自我，同时让他者感同身受**之外，并无其他正当性；从这一刻起，把纯粹的形式确认为最高的目标之一，我认为：诗可以恢复词语具体可感、富有张力的状态，赋予它们深层的意味，诗就是这样的词语的汇集。

我离那些足够真实和震撼的灾难已十分遥远，大半个勒阿弗尔港被摧毁殆尽。如今的景象和我记忆中的截然不同，只能凭借着那些断壁残垣追忆从前：比方说，阿米罗特饭店和周围热闹非凡的街市早已荡然无存，只剩下颓墙上残存的字迹"The Moon"（月亮）和一张伴着它的圆月般的笑脸。海滩也是如此，布满了像奇异花瓣一样的弹片，到处是艰难地堆积起来的石堆。向海上望去，一艘货轮某一天被水雷炸上了天，那些海底沉船就这样又添上一艘。我确然离战争如

---

[1] Ariane，古典神话中克里特岛国王米诺斯的女儿。在她的帮助下，希腊英雄忒修斯进入迷宫杀死了牛头人身的怪物：米诺陶洛斯。拿着阿里阿德涅给的线团，忒修斯得以逃出迷宫。

牛角般真切的威胁已十分遥远，眼前的废墟仅仅是这场灾难微不足道的一面。我自问，是否投身其中，行动上更加积极，冒更多的风险，我就可以以更轻松的心态面对文学之事了呢？是否可以说，我的创作将不会那么偏执，若我一心履行**契约**，冒着有正面意义的风险写就悲剧，而这风险就是完整地自我实现的必要条件。这仍需要一种本质上的介入，作为作家责无旁贷的介入，这来源于天性，也来源于他的艺术。也就是说，莫要滥用语言，确保将话语完全真实地撰录于纸上。此外，作者还应在知性和情感的层面上，将我们现实价值体系中的罪证公布出来。在解放人的意义上，称量出所有那些压得我们喘不过气的重负；如果不是这样，个体的解放也便无从谈起。

        勒阿弗尔港，1945 年 12 月
        巴黎，1946 年 1 月

"我刚过三十四岁"

我刚过三十四岁，自觉已人到中年。身材中等，偏矮。头发栗色，修剪得极短，为了避免打卷儿，也是怕显露出秃顶的迹象。若依此评价自己的外貌：我的颈项端正，笔直垂下如一道城墙或峭壁，金牛座的特征（如果我们信占星）；前额高耸，青筋暴露，凹凸不平。（同样用占星的观点来看）这种宽大的额头倒与白羊座相符，事实上我生于4月20日，金牛偏白羊。我的眼睛褐色，眼角经常红肿发炎。脸色红润，但我羞耻于那轻易的面红耳赤。我的手纤瘦，多毛，血管鼓胀密布。中指，末端弯曲，应该是显示我性格的懦弱，游移不定。

就身材讲，我的头过大，相对上身，我的腿偏短，相对胯骨，我的肩又太窄。走路时我身子前倾，坐着时我有点驼背。我的胸不宽厚，没什么肌肉。我喜欢把自己穿得尽量优雅，然而，由于上面提到的那些虽不说可怜，却也够呛的缺陷，我深深地觉得自己粗鄙不堪。我甚至恐惧在镜中猛然不期地照见自己，每一次都是让人耻辱的丑陋。

一些曾经或者仍然习惯性的举止：经常用手背擦抹鼻尖儿；啃噬自己的指头直到出血；头往往轻歪一侧；紧闭双唇，收缩鼻孔以露出做决断的表情；或者像忽有所获，用掌心拍打脑门，也偶尔片刻地手托额头（或是类似地，去轻抚枕骨）；当我难以作答或犹豫不决时，我通常会用手遮蔽眼睛；一个人的时候，我会不由自主地抠屁股。诸如此类，如今一大部分已被一一丢弃。也许这些举止有所改变，或者只是新旧相抵，我还没发现？由于我对自己的观察是如此散乱，我苦涩的自我审视又是如此古怪，即使是那些最明显不过的特征，我也无疑会有所遗漏，虽说透视可还原一切，依我的透视法绘一张自画像，即使对别人来说最清晰不过的细节，仍然会有许多遗漏在阴影中。

我的志趣是文学，虽然这个词如今已被无情地诋毁。我还是毫不犹豫地这么说，因为它仅仅是个事实。说我们从事文学创作就像说我们是植物学家、哲学家、天文学家、物理学家、医生一样。毫无必要去发明什么别的说法、别的托词去为我们的写作趣味辩白。文学家就是喜欢手里拿着一支笔。我所出版的寥寥几本书没有给我带来任何声誉。我既不想抱怨，也无意自我吹嘘，因为无论是成功作家还是被忽视的诗人，这类名头都会让我恐惧不堪。

我不是旅行家，但还是到过不少地方：小时候去过瑞士、比利时、荷兰和英国；稍大一些去过罗马尼亚、埃及、希腊、意大利和西班牙；不久前还去过赤道非洲。然而，我不精通任何外语，就像许多其他类似的情况，这时常让我觉得自己匮乏无源，与世隔绝。

尽管需为糊口工作（人类学田野调查还算合我口味，所以并不让人厌烦），我也活得相当轻松；我庆幸自己身体康健，也无甚束缚；从某种角度讲，我应该将自己归入"生活幸福"的那一类人中。然而，我自身的存在很少能让自己想起什么令人满意的时刻，而且我越来越有那种在流沙中挣扎的感觉——毫不夸张——我觉得它在将我慢慢地吞噬。

在性方面，我自觉没什么异常——稍有点冷淡——只是很久以来我觉得自己患有阳痿。无论如何我也从不认为爱的行为是件简单的事儿，爱是相对特殊的事件，心理必须有所准备。依我看，它或是非常的悲剧，或是极度的幸福，二者截然不同却相互混杂，交替着显现。

从隐约触及色情的观点看，由于我对生育的恐惧和对新生儿的厌恶，孕妇总是让我感到恶心。这是我很小时便有的感觉，就像我并不太相信童话中常说的，"他们生了许多孩子，从此过上幸福的生活"，我早早就对此一笑了之。

我9岁时，姐姐生了一个女孩。那婴儿让我一见作呕，脑袋尖尖，脏乎乎如排泄物的襁褓连着脐带，我惊叫道："她从肚子呕吐！"让我更无法容忍的是，我从此不再是家中最小的一员了，通常家人是叫我"老幺"的。我意识到自己不再代表家里最年轻的一代，想到我老了，我感到无比的忧伤和难过——这种焦虑与日俱增。

成人后，我仍然受不了有个孩子的想法：未征求其意见就将一个终将死去的生命带到这个世上，或许他之后再去重复相同的事。我根本无法想象为此去做爱，因为，之于我，做爱并非受孕，它与人繁衍的本能毫无关系。我甚至常想到，爱和死是如此相近——生与不生，殊途同归——事实上，比起所有肉体愉悦的念头，反而是那些随之而来的迷信般的恐惧更触动我，比如做爱这件事，尽管它将我的生命置于强烈快感的顶峰，然而最终带给我的仍是不幸和灾难。

我爱同我一起生活的女人——即使这生活由于我个性的游移，内心的缺陷偶有阴云密布，当然这一切都源于我自寻烦恼的巨大潜能——我甚至开始相信她将伴我走完这一生，即使大声地说出这些会招致命运无情的揭穿。像许多人一样，我已经下到地狱，如同其中一些人，我并不确定会再从那儿回来。但在下到地狱之前，那里有我最早的童年，几年来我试图去记述它，记述那单纯的快乐时代，尽管这时代包含着我生命凋零的碎片和那些一笔一画爬上额头的皱纹，正是这些让我的肖像看上去逼真。

这里我想先将我搜集的那些有关我童年的形而上的遗迹写一写，之后再把那些显得永恒的轮廓勾勒出来，穿越一种绝对的堕落，一种逐步的衰退，它们可以诠释我（至少是一大部分）从童年到成年的过渡。

衰老和死亡

我很难说清自己是从何时起意识到死亡，死亡又是怎样成为我头脑中真实的存在，而不仅仅意味着"上天堂"。母亲有时会带我去拉雪兹神父公墓,她父母的墓上曾摆放着一个水晶球,下面是共济会的标记。我的外祖父是共济会成员,第三共和国的官员,奥古斯特·孔德的学生,享有"纯净玫瑰"[1]的荣誉席位。但总是有不怀好意的人将水晶球打破,将那些标记弄得乱七八糟。我母亲最终放弃了展示这些标记的努力,她巴不得用鲜花、干草和小巧的珍珠环来装饰她父母的墓。印象中墓园离我们居住的布尔乔亚街区相当远——简直像去外省——扫墓给了我一些对死亡最初的感觉,但那还不能算是真正的死亡。

我头脑中曾有些想法,但很难保证它们就触及死亡,确切地说,那是一些"死人的形象"(特别是一张画报中的插图,如果我没记错,一个遭雷击的人,他因避雨在一棵树下,眼中还残留着树影)。年纪稍大点儿,我还在一份日报的图片增刊里见过一些有关自杀的图片。一个国王和他的嫔妃自焚的场景,事情发生在某个岛上,也可能是马来西亚的一个半岛。那个国王很年轻,黄皮肤,身材细长,留着黑胡须,缠头装饰着羽毛。嫔妃们或是被他亲手杀害,或是被他赐死。他自己正在举剑自尽,那把蛇形的长剑已经刺入胸膛,他身体摇摇晃晃,从火灾的背景中显露出来。

我那时还不太明白什么算是自杀,特别是在这一行为中有多少主动的成分。比如那些殉死的嫔妃,她们的死有多大程度是自愿的,又有多大程度是被迫的。对于我,唯一清晰

---

[1] La Rose du Parfait Silence,共济会下的一个组织。

的只是"自杀"（suicide）这个词本身，它的发音总是使我想起火灾（incendie）和那柄蛇形长剑（kriss），这种联想深深地印在了我的脑海里。直到今天我一写到"自杀"这个词，那火中国王的身影就会浮现在眼前。S 就像一声引我追忆的口哨，它不仅是那扭曲倾覆的身体，也意味着那剑身的弧线；UI，奇妙地颤抖，渗入，或许可以说是像火焰蔓延，或是一块冷冻的巧克力泡芙边角上隐约的奶油；CIDE，收尾的部分带着某种酸酸的口味，导致整件事之辛辣和尖锐。

我意识到自己有关死亡的观念是如此模糊（它之于我，不过是一个手拿长柄镰刀的骷髅，不过是纯粹的象征），我只是对那些诸如遭雷击、自杀的暴力死法有些许感受。在床上死去的则是我的家人，他们注定"上天堂"，被许诺了永恒的幸福。此外那些人太过特别，也凤毛麟角，被视作恶魔，遭受诅咒。死亡之于我，既不是被意外事故突然毁灭，也不是在火灾中悲剧般消失。我确信死亡并不是失去生命，人们仅仅是在墓园，在被虔诚的双手装饰的鲜花墓穴中稍事休息，然后上天堂重生。

如果说，我对死亡方式的些许认识并不明确，甚至令人迷茫的话，那么反倒是一幅非常具体的物质化的图像，让我对生命进程的序列有了明确的认知。比如，时间的流逝，从幼年向成年，再向老年过渡。用一个词来总结就是：衰老过程。这组图画来自我童年的一本书，埃皮纳勒（Epinal）出版的《生命的颜色》，图画被用作装饰封底。那些颜色如今我并不十分确定，更不能确定那些与之对应的定义生命的注释，我只是凭着记忆将它们展示如下。

左上角对应着"混沌色彩"的画面首先给出的是一种不确定的色调，像橄榄绿或者是紫罗兰。在一边我们看到卷心菜里面的新生命，在另一边是襁褓里哭闹的婴儿，用拳头揉着眼睛。他躺在一个带轮子的条筐里，就像如今公园里常见的那种，过去我们称之为"四轮车"。

我那时总是惴惴不安，想着自己是否已经度过了这"混沌"的年纪。我经常跑去问哥哥，他们总是断然否定，每一次我都痛苦得要命。我其实并不憧憬那些生命辉煌的阶段，确切地说，这些阶段是在暗中形成的。我根本不晓得它们中哪一个（如果不是婚嫁的年纪）可以称得上人生的顶点。我只是渴望早点由"混沌"的年纪过渡到下一个画框中所展示的内容。

接下来的图画被称作"玫瑰色"，或是青少年。一个小男孩在敞开的窗口吹肥皂泡，窗外是一群孩子跑着跳着。到这里，我的记忆变得不太确定，除了最后一幅，其他所有的图画都近乎抽象。

另外几幅画，大概如下：

"蓝色"，月光下的恋人。

"绿色"（？）对应着一幅生育的图景。

之后是那些成熟的颜色，只有这些颜色，加上童年时的两种，我能准确地描述它们：

"栗色"，两个40岁左右的醉汉，从穿着上看像是拾荒者，或是流浪汉。两人扭打在一起，为了表现扭打的激烈，画中金星四溅。

"红色",一个戴着无边圆帽的大胡子,深陷在扶手椅里,脚穿着舒服的拖鞋,伸向壁炉。他正在讲述自己英勇、荣耀的过去。我们看到那些征战的画面被表现在一个大大的云框中。在那里,炮弹横飞,手雷轰鸣,他在一堆浓烟滚滚的炭火边取暖。

"黄色"(我不确定是这个颜色,但画面给我的感觉就是"枯黄衰败"),画中是一个既分不清年龄也辨不出性别的人,胡子刮得光光的,驼着背虚弱不堪。他穿着睡衣,戴着睡帽,手里拿着一杯提神的药茶。

"灰色",是一幅其乐融融的家庭场景。父母从祖父祖母手中接过一个小婴儿。

末尾是"黑色",最重要的颜色。一个人瘦骨嶙峋,悲伤孤寂,坐在阴暗的地窖里。他正满怀心事地"研磨黑暗",一手握着个手柄,类似烘焙咖啡机器上的那种。他戴着顶大礼帽,一身黑色礼服(看上去像个殓尸者),涕泪纵横,另一只手擎着一支即将熄灭的蜡烛,烛泪四溢。

这些图画的每一张都由与之对应的颜色命名,比如,"混沌"或是"栗色"。它们实际上应该比我描述得更多,但大部分占据生命进程不可或缺的那些阶段,我已罗列出来。然而,在这些之外我就再也想不起什么了。说实话,这也表明这些图画并没有今天我想象中的那么让我记忆犹新。

归根结底,对我来说唯一真正有意义的颜色就是"混沌",因为它完美地再现了生命最初的那种混乱状态。这种状态是无可替代的,就像是神话时代,所有的事物都还未被分辨归类,微观世界与宏观世界的界线仍未厘清。我们沉浸在一种流动的宇宙中,仿佛在绝对的中心。

如今,我的生命已经过这些颜色中的大部分,而且,远未到四十,"栗色"图画描绘的内容就已然发生在我身上。"黄色",肝病的象征,也对我虎视眈眈。有将近一年了,我希望自己能靠自杀躲过"黑色"。然而,事事皆有定时,我注定被嵌入那些"生命的年岁",越来越觉得自己逃脱不了它们的限制(至少凭着自己的努力做不到这点)。我被投影到它们方形的小木箱里,就像是一种糟糕的银版摄影术,图像的边缘和面孔上覆盖着虹色的霉点,如溺水者泡发腐烂的皮肤。

超自然

童年时,除了出生之外,最让我迷惑不解的就是圣诞玩具如何经过烟道到达房间。为了圣诞老人从屋顶扔下的超大玩具能够合乎逻辑地穿过烟道,我编造了一套无可置疑的理论。比如,这样得到的一个帆船模型(很久以后我才知晓那原本是哥哥的朋友送的礼物),我用如下的假设来说服自己:上帝既然全知全能,他定可将礼物直接变到我们发现它的地方,没必要经过烟道。如此的大船竟然可以穿过烟道如此狭小的空间,我为这种奇异所着迷,就像每次经过家附近的一家商店,看到橱窗里摆放的瓶中帆船一样。

直到知晓孩子是在娘胎中成形,直到获得圣诞的神秘启示，我自觉开始步入成熟，认为这就是所谓的理性年纪，因为正是在这个年纪，我们接受到最早的启蒙。当我了解了怀孕为何时，生育的问题之于我就像是圣诞玩具的来历之于我一样：玩具是如何通过烟道的？孩子是如何从腹中出来的？

无 限

我最早意识到无限这个概念与一个装可可粉的盒子有关。那是一种荷兰进口的可可粉，我早餐的必备食品。盒子一侧的装饰画中有一个戴花边头饰的农村姑娘，左手擎着一个同样的盒子，盒子上装饰着同样的画面，鲜艳的粉红色，姑娘举着盒子面带微笑。想着这画面的无限循环，我感到某种眩晕。年轻的荷兰姑娘在盒子上被无数次再现，理论上她越缩越小，但永远不会消失。她看着我，略带嘲讽，指给我看她手中同样盒子上她的肖像。

这差不多就是我最早的关于无限的认知。大约十岁，我碰到了这种让人迷惑不解的东西：它就像是一种幻觉，确切地说，就是那个抓不住的荷兰姑娘，她被无限地复制，仿佛置身于一间装饰考究的卧室暗间，四面布满镜子，影像被反复叠加，为了制造出一种放荡的幻象。

灵 魂

不久之后，我进入学校，对宇宙有了些许认知。而灵魂也通过某种方式向我显示它的存在,虽然我知道这是纯粹的幻觉,但我相信它与某些实在的东西联系紧密不可分。比如一种被称作"小玩意儿"的点心,又脆又轻,我们用一根细长的针由上至下穿过它,再把它从辐条间顺进鸟笼,喂里面的小鸟。

我对灵魂的想象很可能来自一本小学地理书中的实验。我在这里凭记忆将书中的描述复写出来,也许有失精确:被置于水面的一滴油,我们用一根针从它的中心穿过,迅速地顺时针搅动,在针的作用下,油滴呈现出浑圆的状态,但紧接着,受离心力的影响,油滴开始轻微地变形。通过实验所见的现象,我们便可以触类旁通地理解离心力对地球的影响。事实上,地球并非一个绝对的球体,由于围绕着地轴旋转,就像被钢针搅动的油滴,它被轻微地拉扁。如果这种旋转足够快,变形将进一步加深,直到它的一部分与主体分离,形成一个围绕主体的圆环,最终变成土星的样子。

在"小玩意儿"中认出灵魂(或者像圣蜡节的可丽饼,灵魂从饼中心穿过),我意识到这与自己笃信灵魂的真实存在有关。我很难想象,一个实在的物体竟仅仅由脆弱的材料制成,而且形状并不规则。也许,这种实在就藏在我大脑沟回的褶皱里,然而它轻飘飘的没有重量,像鸟儿(我们用"小玩意儿"喂的那些),或是蝙蝠(我们在煎可丽饼时,把可丽饼从平底锅中颠起,那柔软舒展的样子像极了蝙蝠。在昏暗的炉灶旁,在浓烟和炭黑里,可丽饼的飞舞显得异常笨拙,就像这种夜间飞行的哺乳动物那样难以捉摸)。

主观与客观

童年时，如果不是因为切实的需要或恐惧，我对外在的世界并不在意。所谓的天地万物几乎都局限在我身上，这其中，我最关心的两个地方，一个是我的"月亮"（大人们给我屁股的昵称），另一个是我的"小机器"（妈妈给我生殖器起的名字）。对自然，我充满怀疑和不信任。比如，在枫丹白露，我总是被家人看得紧紧的，以防森林里满布的毒蛇（特别是那些欧石楠丛生的地方，我没法禁止自己不去怀疑，每一朵欧石楠恶毒的小花里都有一颗蛇卵）；或者在我常去玩的布洛涅森林，妈妈总告诫我别去听那些试着将我引入歧途的"坏人"的话，她说这些人最爱在城边和欧特耶赛马场出没，往往相貌难以形容，我猜想他们大概就是好色的羊角仙。这些人之于我就如同波西米亚人之于乡下孩子，他们是自然中的精灵、野兽、魔鬼，他们带给我的不安就像使我置身蚁穴或矿井的窝棚。不久之后，一张"混沌"年纪的图画让我觉得这些人更应该属于食人族，画中我看到一些浑身长满灰紫色癞疮的野人在分食一个探险者。这些人同样应属于报纸的"社会新闻"中描述的人物，家里人说"我年纪还小"，禁止我看这样的报纸，就像后来禁止我看那些色情出版物一样，它们代表着这世界怪异的一面。

六七岁那年，有一天我和妈妈、哥哥、姐姐在巴黎近郊的一片森林散步，森林离家不远是通常我们消夏的地方。当我们在一块林中空地停下脚步准备野餐时，完全出乎意料地，我在这儿戏剧性地第一次有了勃起的经验。当时我的眼睛看着一群与我年纪相仿的孩子赤脚爬树，内心忽感兴奋骚动不安。事实上，对于这些"穷孩子"，我早被灌输了一种天然的怜悯之情。在这一刻，我并未意识到我性器官的变化与我所见的这群孩子的表现有什么联系，觉得这不过是个奇怪的巧合。很久以后，我重新回忆起我曾拥有的这奇异的感觉，想到他们脚、脚趾的皮肤与粗粝的树皮接触，这让我体会到那种快乐与苦痛的混合。或许是因为他们可怜的样子（个个都衣衫褴褛），或许是因为我极度恐惧他们从树顶上坠落，我的心绪久久不能平复。

无论如何，这不期而神秘的勃起，虽然我起初并未在引发它的事件和这现象自身之间建立起任何联系，它对应着一种自然对我身体的忽然介入，外在世界忽然作用于我的生活。那时谜底还没能被揭示，我仅仅将它视为一种巧合，这巧合平行地作用于两个系列的事实：直到那时我从未意识到我身体上的变化与外在的事件发生在一个相互分离的真实的中心。

分布于我童年不同阶段的这些记忆，我并未觉得它们有什么绝对的重要。但如今我将它们收集在一起并非毫无意义，因为它们构建起框架，或是框架的片段，其他的一切都能寄身其中。然而，对我来说，还有一些更确切的事件似乎对我更有决定性的意义。其中一些一开始我就感觉到它们对我的影响，就像那些与戏剧，特别是歌剧相关的东西；另一些含义隐晦，往往在不期的偶然状态下才显现出来，比如克拉纳赫的两张出奇地引人注目的女性肖像（鲁克丽丝与朱迪特[1]）带给我的启示。

这两个我所钟情的形象，也许是我武断地赋予了她们某种特别的寓意。许多年前，我接受了一个疗程的心理治疗。尽管厌恶所有治疗除身体疾病之外的痛苦的企图，内心的忧郁还是迫使我接受了这种治疗。就在治疗接近尾声时，我第一次见到这幅双联画，一下子便被画中的人物震撼得一塌糊涂。我写作此书的想法就来源于此：首先，我的写作是基于克拉纳赫画作简单的忏悔，目的是为了清空自己，将一些于我有意义的事重新编织起来。然后，通过写作将记忆删繁就简，以一种全景般的视角再现出我生活的面貌。

这一系列再现于我眼前的记忆图景可以与我7岁前挂在床头的一串念珠相比较，整个世界被浓缩进这十多颗念珠里（其中最大的一颗系着一个十字架，从另外十几颗中凸显出来），将其握在手中，我真切地感到它们的存在。或者那乡下花园尽头无所不包的植物世界（或是香豌豆，或是旱金

---

[1] 见开篇插图。鲁克丽丝（Lucrèce），古罗马传说中一个女性形象的典范，她在被国王塔昆纽斯的儿子强奸后，为了自证清白而自杀，她的死激起了民愤，国王和他的家族因此遭到放逐，罗马也遂由君主制转向共和制。朱迪特（Judith），《圣经》中的犹太女英雄，古代亚述帝国军队由将军霍洛芬斯（Holopherne）率领入侵以色列，朱迪特毛遂自荐，以美色迷惑住霍洛芬斯，斩下他的首级，使敌军退去。

莲，或是狼尾草的形状），我乐此不疲地耕种其间。更或者是在凤尾草叶片上发现的那种让我着迷的奇异符号，它是真正的所罗门的封印，我的世界整个浓缩在里面。

这本自传就如同我心醉神迷的一出戏，或那些悲剧中的一个。它的主题可以总结如下：一个英雄，也就是霍洛芬斯，如何从他混沌奇迹般的童年好坏参半地（或者毋宁说坏好参半地）过渡到他凶残冷酷的成年。

I 悲剧

浮士德：靡菲斯托，你可看见那远处孤零零地站着一个美丽的少女？脸色那么苍白，步履那么缓慢，脚上好像戴着沉重的刑具。我不得不承认，我觉得她像是我善良的玛格丽特。

靡菲斯托：别理睬她！否则谁都不好办。那只是没生命的影子和虚幻。与她接触绝没好处；她凝滞的目光会使血流凝固，使人整个变成一尊石像；像你知道的美杜萨[1]那样。

浮士德：她的眼睛的确跟死人一样，没有爱人的手将它合上。那真是玛格丽特曾献给我的酥胸；那姣好的躯体我确实曾经受用。

靡菲斯托：那只是魔法，你这容易上当的傻瓜！要知道谁都会把她当作自己的娇娃。

---

[1] Medusa，又翻译为梅杜萨，是希腊神话中的蛇发女妖，任何直望她双眼的人都会变成石像，她后来被英雄珀耳修斯斩除。

> 浮士德：何等的幸福啊！何等的痛苦！我怎么也避不开她的注目。奇怪，竟用一根细细的红绳，一条宽度不过刀背的红绳，装饰着她这美丽的脖颈！
>
> 靡菲斯托：完全正确！我看也是这样。她还可以把脑袋夹在腋下，因为珀耳修斯已将它砍下。
>
> （歌德《浮士德》[1]）

我童年大部分时光都在观看各种演出、歌剧和抒情悲剧中度过。父母经常会带我去参加这样的活动，他们对戏剧也同样热衷，特别是音乐剧。父亲的一个富有的女客户拥有歌剧院的一个包厢，因为父亲帮她打理财产，她便将包厢借给我们用。包厢位于剧院二楼右侧，我从六岁那年起在这包厢中看了大量的歌剧彩排，比如：《罗密欧与朱丽叶》《浮士德》《弄臣》《阿依达》《罗恩格林》《纽伦堡的名歌手》《帕西法尔》《哈姆雷特》《莎乐美》。我还记得，自己总要探出身子，因为即使坐在第一排我还是很难看清左侧的舞台。也许正是由于这些演出留在我童年脑海中的印象，让我的成长充满了暗示和隐喻，仿佛自己一直置身在剧场之中，这甚至影响了我的日常行为举止。

不管孩子的情感是真是假，我那时的确对罗密欧与朱丽叶这对维罗纳情侣的死痛哭流涕。我也同样心醉神迷于《沃尔帕吉斯之夜》华丽的排场，那些芭蕾舞演员的紧身

---

[1] 引自杨武能译本。

衣、金色的帷幕、声光电闪……（沃尔帕吉斯"Walpurgis"，最后两个音节总让我联想到酒神狂欢"orgie"）。《弄臣》中黎格莱托错杀女儿的戏让我紧张得浑身发抖。拉达梅斯与阿依达甘愿共赴黄泉活埋地下则令我惊骇不已。在《罗恩格林》中我如同被遗弃的埃尔莎看着天鹅骑士回返孟沙瓦特。在《哈姆雷特》中与王子一同饮下毒酒。看着莎乐美在先知约翰的头颅面前展现半裸的身躯，那是我第一次面对色情场景而不知所措。《纽伦堡的名歌手》让我异常失望，我原本期待它是一出悲剧："名歌手"们在欺骗敲诈中的黑色杀戮，或是艺术家之间的残酷竞争，直至众败俱伤，相互割喉而亡。至于《帕西法尔》，我对那些"鲜花少女"毫不在意，反而安福塔斯的伤口（他因违背保持贞洁的誓言而被圣矛刺伤肋部）让我心惶惶不安，他的哀号令我久久不得平静。

还是《帕西法尔》，我常常自问是否真的明白剧中的一切。因为我常听说，世上有两类人，一类看得懂瓦格纳，一类则不然。我还听说，理解瓦格纳的深意不仅需要成熟和阅历，也需要足够的天分。《帕西法尔》就像圣诞与出生的神秘一样，同样由于年幼无知，它们是我暂时无法真正进入、只能隐约感受的事物。

在我的年纪还不足以去剧场之前，姐姐（她比我大13岁）总是给我讲述她看过的戏的内容。这其中让我记忆犹新的就是《丑角》，一出双重的悲剧让我陷于戏中戏的困惑之中。姐姐对我说，故事中小丑在舞台上，在欢呼雀跃的观众面前，杀了他的老婆。虽然心知肚明这不过是演戏，观众还是为演员逼真的表演所折服,然而他们并不晓得这意味着一次真正的完美的谋杀,直到演出结束所有人才恍然大悟。我那时并不理解所谓的戏中戏,不明白那些对凶杀趋之若鹜的观众并非真正的观众,事实上他们与剧场中的观众(包括姐姐)并不相同,他们是演员,参与在戏中。我曾相信,每次上演《丑角》,主角都会将他的搭档置于死地,所有人都对此信以为真。虽然难以置信,我仍深信不疑。对我来说,这出戏可以与我听说的路易十三治下的决斗相提并论,这决斗包括竞技场中角斗士的拼杀和基督徒的殉道。尽管决斗者以死相搏,我仍然觉得这不过是纯粹的体育表演。

我第一次被带去看演出,是在格雷万蜡像馆(Musée Grévin)小剧场的魔术表演。我被魔术师迷住了,忘记叫妈妈带我去厕所,便溺了一裤子。我脸涨得通红,泛起来的气味让我无地自容。妈妈尽可能压低声音抱怨,但当她将臭烘烘的我带出大厅时,我还是羞愧得要死。

还有一次,我们去夏特莱剧院(Théâtre du Châtelet)看《八十天环游地球》。我安安静静地从头看到尾,剧中的毒蛇根本没有让我为之所动(虽然,我一度以为它们是真的),"亨利埃塔"号汽轮锅炉爆炸的巨响也没把我吓到。但看完戏,我和妈妈、哥哥坐"苍蝇船"[1]回家时,我却忽然慌了神,觉得我们的船会像汽船一样爆炸沉掉。于是又哭又闹,大喊大叫:"我不想船爆炸……我不想船爆炸……"家人根

---

[1] Bateaux Mouches,一种水上游船。

本没法让我安静下来。直到如今,我有时也想发出如此的叫喊,来阻止战争的发生:"我不想要战争!"然而与儿时相似,我似乎只能默默忍受。

当家人带我去看歌剧时,我的年龄已足够大,不再会把舞台上的真实与现实里的真实相混淆,也不再会傻到去干预舞台上那些"真实事件"的发生。然而,我仍觉得剧场有它的神奇之处,它通常被构建成一个特别的世界。诚然,它有别于现实,但此中的事物都被安置进神秘的空间,在舞台的成排脚灯之上,一切被转移至辉煌的图景里,一切都在一种高于日常真实的层面运转。在这里,我们应该将悲剧的发生与消散视为某种典范或者神谕。在我看来,歌剧是成人的特权,是所有演出中最高级的形式,因为歌剧总以悲剧为重心展开剧情,场景庄严壮丽,并最终将我们引领进辉煌。歌剧对我来说扮演了某种启蒙的角色,带我进入了一个原本不属于我这个年龄的领域,我享受这种特权带来的喜悦。我也知道,很多人同样拥有剧院的包厢,他们原本可以把家人带来,但大多数却只会带来与他们跳舞的"情妇"(我厌恶这个词,因为它让我想起小学女老师[1])。

我被带去看的那些歌剧演出大多都由杰出的名角儿主演,这让我自然联想到这些戏也是他们生活的一种反映,至少是他们生活中最美好、最被看重的部分。这是我带着某种恐惧所向往的、最不可思议的存在方式,在远离我生命的深

---

[1] 法语中"情妇"与"女老师"是同一个词(maîtresse)。

处。同样，自那以后我对悲剧的喜爱与日俱增，诸如那些痛苦的爱恋和所有以悲剧方式告终、所有被忧伤和鲜血浸染的故事。模仿观看过的歌剧，将它复制成自己的生活，特别是面对爱情忧心忡忡的时候（我相信爱不仅仅是成人的权利）。对我来说，爱情是一种独一无二的激情，总有生和死介入其中，它注定以悲剧收场，如果有个大团圆的结局那便不是爱情。爱情的美如同剧场帷幕拉开，并且我们明明知道它最后终将落下，然后灯光熄灭，椅套被取走。

每次家人宣布带我去看戏，我都兴奋不已。在去之前，我会反复猜测剧情，谙熟所有歌唱家的名字。夜晚我辗转反侧难以入睡，白天整日躁动不安。然而时间一点点临近，我渐渐会在自己的兴奋中察觉出一丝苦涩。随着舞台帷幕的拉起，我心中的喜悦荡然无存，因为我知道戏不久就会演完。帷幕拉起宣布演出开始，也同时预示着演出的终结。即使到了今天，每每我感到无比快乐时都会想到死亡。想起童年看戏的种种忧伤，我必须极力抑制住自己想哭的冲动。

我将歌剧置于所有戏剧之上，甚至喜剧歌剧，尽管我曾经看过两出让我惊叹不已的喜剧歌剧：《漂泊的荷兰人》和《霍夫曼的故事》。说起《漂泊的荷兰人》给我的印象，那"飞翔的荷兰人"就像是被判在海上永远流浪的犹太人，他无论走到哪里都是个浪漫的角色。如今关于这出悲惨的故事我还能记得的就是：一天大人们不在家，我和哥哥在门厅排演这出戏（这门厅被我们命名为"巴黎抒情剧场"），舞美与服装都是临时拼凑的。因为年纪最小，我被安排扮演剧中唯一的女性角色,渔夫的女儿森塔。哥哥扮演荷兰人,他的朋友演森塔的老父亲达朗德,就是圣诞节送我帆船玩具的朋友。我很满意自己的角色,只要是和哥哥演戏,我总是选择这种"饱受折磨"的人物。同样,在乡间(在那儿的林中空地,我第一次勃起),当我们玩"红人"游戏时,我总是被俘获的牛仔,被捆绑在施"酷刑"的木桩上,"印第安人"恫吓着要割下我的头皮。

我性格深处的自虐倾向与另一个回忆相连,这记忆同样与戏剧有关。那就是《少年劳改营》[1]的海报,这出真实地反映劳改营情况的戏,在"大战"[2]之前几年的昂必谷剧院(Théâtre de l'Ambigu)上演。海报上几个少年瘦骨嶙峋,面色苍白,穿着粗笨的胶鞋,戴着蓝色的贝雷帽。看守则粗鲁高大,大腹便便,浓胡密须,怒目而视。这记忆无疑是我最早的对警察形象的厌恶与痛恨(那些人往往体型粗壮,一身臭汗,屁股肮脏,包皮不洗。他们远不如工人干净,至少工人身上没有寝室的酸臭)。与"下流坯"带给我的本能的恐惧并行的是某种难以抑制的好奇,这二者杂混在一起,恐惧就显得十分暧昧。看着这张海报,我心中泛起一种双重的情感:一方面是难以逾越的厌恶,面对那些小流氓苍白的面孔;另一方面是怜悯与好感,因为同情他们的遭遇,因为我

---

[1] *Bagnes d'enfants*,作者安德烈·德·洛尔德(André de Lorde,1869—1942),四幕悲剧,改编自爱德华·居埃(Édouard Quet)的小说《改造》,1910年在巴黎首次上演。
[2] 正文中所有的"大战"皆指第一次世界大战。

马上联想自己作为他们中的一员，就如同剧中一个富家子弟，他父亲只因为一点点小事便将他送进少管所，结果适得其反，他越发堕落。

至于《霍夫曼的故事》，我对故事情节中一些需要理解与把握的事着迷不已，这一点有点像对《帕西法尔》的感觉。剧中，木偶奥林比亚、妓女朱丽叶塔和歌女安冬妮亚，分别是三个各自独立的故事的主角，每个故事自成一幕。剧终时，我们发现这三个形象无一不是霍夫曼酒醉后的幻想。他在梦中完成了三个故事，而三个形象的原型本是同一个女人——她便是霍夫曼苦苦爱恋的交际花史苔拉。在即将谢幕时一道光柱打下来，缪斯女神出现在舞台上，她用温柔的话语抚慰倚在桌上睡去的霍夫曼。这出三幕剧再现了一个女性不同的侧面（三种情况被描述得真实可信，如同现实中发生的一样）。这个难以把握的女人也成了我心目中无法抗拒的女人原型之一。木偶破碎，妓女背叛，歌手死亡，她们无一不是霍夫曼梦中倨傲者的变形，她变幻多端，就像美杜萨一样，每个人都能在她身上认出自己钟情的人。

当然，如今我已很难清晰地回忆起这出戏的内容，只能凭着记忆描述，再加上我此后的观察，将记忆提供给我的现在的和过去的元素相互比较。这种重建的方式带有不少偶然性，因为这方式对我来说就是不给予记忆所没有的意义。一次情感价值的冲击带来的改变，以一种有倾向性的方式勾起对过去的回忆。这种情感价值是现实生活中所缺少的，而它又时时映衬着现实。

I 悲剧

我在这儿碰到一处暗礁,这是所有试图忏悔的、回忆的人注定会碰触的暗礁。若想保持客观真实,就必须面对这样的险境。我满足于断言我所见的一切都存在于我看的戏中,在舞台闪耀的灯光里。我所经历的一切都被打上了悲剧的烙印。此时此刻我心中、头脑中生出的念头无不被这血腥的光线笼罩。甚至如今让我去爱一个女人,我仍然会自问:为了她我要投入到怎样的惨剧中?我将忍受怎样的折磨?是被捣碎骨头,撕裂肌肉,还是被溺水或是被小火灼烧?我清楚地意识到我对来自身体痛苦的恐惧,我告诉自己,我永远也无法逃脱这恐惧,我只会被羞辱碾碎,我时刻感到那无可救药的懦弱造就的我整个腐烂的存在。

我如今的这些想法无不与美杜萨的形象相连,在歌德《浮士德》的第一部末尾,那难以置信的身影,被切开脖颈之上,闪烁着不知名的头颅。我第一次见浮士德是在由作曲家夏尔·古诺[1]搬上舞台的歌剧中。在第三幕中,"与魔鬼签订契约的人"抬眼看见玛格丽特的幽灵,她脖子上系着一条红丝带,又窄又细如同斧刃。每次去看《浮士德》,我都为自己看不清这幽灵而伤心不已。尽管我想尽办法,努力从包厢包绒的护栏探出身子,还是一无所获,因为她每次在舞台右侧出现,总是隐隐约约,模模糊糊。

除此之外,还有许多有象征性的女性形象值得我讲上

---

[1] Charles Gounod(1818—1893),法国作曲家,使他名垂后世的是1859年创作的抒情歌剧《浮士德》。

很长时间,她们就如同《霍夫曼的故事》中史苔拉的变形一样繁多,且各不相同。她们像美杜萨一样若隐若现,让人着迷。

往近了说,我不得不提安妮·博林[1]。上一个圣诞节,我在伦敦听到一首奇怪的关于她的歌。调子忧伤,加上特意的哀乐配器,我们歌唱那断头人的苦痛,她踟蹰于伦敦塔中,徘徊在大街上,腋下夹着头颅,四处漂泊,最终一次乏善可陈的流感结束了这一切。我曾经在古博兰饭店的餐馆见过一个姑娘,她让我马上联想到安妮·博林和朱迪特,她们同样有着薄薄的嘴唇、锐利的目光和古色古香的侍女的穿着。

往远了说,像圣·热纳维耶芙[2]、贞德、玛丽·安托瓦内特[3]都是这类女性的代表。我曾一度将法国的历史与某种责任相混淆,认为没有比这些女英雄更引人注目的女性形象了。

---

[1] Anne Boleyn(1500—1536),英王亨利八世第二任妻子,以通奸罪被斩首,是历史上第一位被处决的英格兰王后。经过一番周折,由于玛丽一世因流感去世,博林与亨利八世的女儿伊丽莎白继承王位,即历史上的伊丽莎白一世。

[2] Sainte Geneviève(423—512),五世纪时,率领巴黎市民抵抗匈奴入侵的圣徒。

[3] Marie Antoinette(1755—1793),法国路易十六的王后,大革命中以叛国罪被判斩首。

Ⅱ 古代

在一个约会场所,或是夜总会,与泽利(Le Zelli's 蒙马特的一间我一度几乎每晚都去的舞厅)相仿,我被一群女人簇拥,不是为了做爱,而是为了算命。但她们的穿着的确像妓院里的姑娘。我任其中几个摆布,她们问我愿不愿冒个险,说她们的灵体(double astral)才是真正唯一的占卜高手。伴着舞蹈、叫喊、一些焚烧物和反复叨念的咒语……那些灵体真的出现了。这些体态优美的女人,个个白麻长衫,金发飘飘,肌肤柔嫩,眼神迷离。然而,她们的鼻子被两条小缝取代,让人很难联想到鼻孔,同时嘴的位置上是一小块血迹,这足以显示她们就是吸血鬼。

(1925年7月的一个梦)

一直以来我都非常喜欢那种寓意画,图像除了说教功能外,还隐藏着许多秘密。通常这种画中引人注目的女性形象都具备两个特性:人物自身的优美和她们身上导致一切混乱的象征，如果可以定义为象征的话。很小的时候，姐姐便展示给我看这些神话中的人物。比如真理女神手持一面镜子从井中走出；或是谎言女神奢华的穿戴、迷人的笑容。我尤为后者所着迷，记得有一次我和姐姐谈论一个女性（也许是现实中的某个人，也许是童话中的女英雄，我如今已记不清了），我评价说："她美得就像谎言！"

这些寓意画种类繁多，有的优美典雅（画中女子或是轻衫薄纱，或是戎装铠甲，看上去仿佛林中的仙子或水边的女神）；有的抽象玄妙而朴实无华（就像在《美图》书中读到的寓言"幻象的孔雀和经验的乌龟"：一个年轻的王子走在路上，跟随他的是一只羽毛渐秃的孔雀和一只四脚朝天越长越大，但壳上嵌满了宝石的乌龟）；有的阴森恐怖，令人望而生畏（比如苦难故事，一个我同样在这类图画书中读到的俄国传说。有关苦难之事，指的是一个瘦弱矮小、发育不良的老女人，就像因饥饿贫困而虚弱乏力的农民，苦难浸入她耗干骨髓的枯骨中，她纵身跳进池塘；我记不清老者是如何将骨头打捞上岸，或是将老女人救起的，他将她带回家，也带回了所有的不幸）。

尽管如此，当我谈及寓意画时，较之它原本的样子已经完全不同。无论它所表达的内容是快乐还是悲伤，是让人平静还是令人畏惧，无论借来的形象自身的面貌怎样，事实很简单，被赋予的寓意仅仅是为了将故事编织好。虽然我们在街边花园常见那种女神的塑像，但她们没有一个诱人如谎言，澄净如真理。从很大程度上讲，我对于晦涩难解之事的口味促成了我此前对寓意画的热衷。我相信必须重新唤起这种热衷,并用一种程式化、类比化和形象化的办法来考量它。不论想还是不想,我如今的写作都是对这种心理技巧的应用。

《新拉鲁斯图解词典》(从懂事伊始到青春萌动,这词典简直就是孩子的圣经),我们总是期待可以从中找到有关性之困惑的答案,因此疯狂地查阅与之相关的词条。同样是在这本词典中,我们经常可以见到那种雕版的寓意画裸体,或多或少让人浮想联翩。其中"克拉纳赫(1472—1553)"(我们又称之为老克拉纳赫)的词条这样写道:

> 与丢勒相似,克拉纳赫天性中拥有一种不受约束的智慧,他以精致轻盈的笔法再现绚丽的色彩,这技法让他的画表现出热烈的色调。然而与丢勒有别的是他的画泛着天真的孩童式的平静与泰然,同时画中人物的姿态总是曼妙优雅,加上些许羞涩。他尤善描绘女性的面孔。那些**裸体**的女性,如夏娃、鲁克丽丝,无疑都是他最为精美之作。其不少代表作的主题均来自这种奇思异想的世界。

1930年初,为一本我与之合作的艺术杂志寻找被斩首的施洗约翰的图片,偶然间,我发现一张克拉纳赫画作的照片。事实上这是一张非常有名的作品,收藏在德累斯顿美术馆。画中是裸体的鲁克丽丝与朱迪特，两者并排而立。然而我并非被这幅画的精致轻盈所打动，而是为围绕在二者周围的令人难以置信的色情所着迷。模特的裸体之美被一种极为精致的画法再现。两个场景的古代气息与人物身上蕴含的深层的残酷交融在一起，正是这种残酷让两个形象相互接近。在我看来，这种交融极具启发和暗示，站在画前，我"冲动"不已。

记忆中，在我所学的初中课本里，有插图的古代史教科书是我的最爱。在这里，历史事件常常对应着一些诸如古代建筑、半身塑像、镶嵌画、浅浮雕的图片。

古代女性

很久以来，"古代"这个词总带给我某种肉体上的愉悦。我被那些大理石建筑冰冷的温度和坚硬的棱角所吸引。我常常设想自己躺在石头地面上，伸展开四肢，或者抵着石柱站立，用身体紧贴柱面。有时，我会将让自己无比兴奋的性想象归结为——一个冰凉结实如古罗马式建筑的女性臀部。那种古代罗马式建筑的庄严，如同它的浴室一样吸引我。这让我想起类似梅塞丽娜[1]的女性，那些古罗马的荡妇。一想到罗马，它的那些欢享的盛宴、角斗士的打斗、残酷的马戏

---

[1] Valeria Messalina（25—48），罗马皇帝克劳狄乌斯的第三任皇后，布列塔尼古斯的母亲，以制造丑闻和放纵淫荡著称。

总会带给我身体上的躁动不安。罗马就是一幅满溢力量的图景。至于《圣经》中的古代,我总是满怀激情地梦见所多玛和蛾摩拉(Sodome et Gomorrhe),那遭天谴、受雷击,被死海吞没的城市。由于这海水含了太多的盐分,我们几乎不可能溺死其中。就像我们常说的,皇帝提图斯命令将串锁在一起的奴隶投进海里,他们却一个个全都又浮上水面。

我年纪很小时便意识到一些词中的色情意味,比如艺妓(courtisane)。尽管这个词对我来说蕴含着某种特别的、足够神秘的东西,我起初总将它理解为"朝臣"(courtisan)的阴性形式。或者说,艺妓之于我总是一身希腊式的无袖长袍,总要显现出一些古代风尚。

大约十一二岁时,每当夜晚街灯初上,我便躲上床去手淫(至今,我仍能想起那夜灯昏暗的古铜色,潮湿油腻;仍能闻到那种煤油燃烧过的味道)。这种时刻,我每每会去完成一项漫长的仪式。我将自己的长睡袍沿肩膀慢慢地褪下,让上半身裸露出来,睡袍一直被褪到腰部,看上去像是非洲人的缠腰。我想象着自己就是那些艺妓中略显边缘化的一个——就像个天造尤物,被欲求的对象。我确信"艺妓"这个词带着某种高贵的气息,直到很久以后,我才真正了解她们的社会地位。

女武士

不久之前,我忽然想起《罗兰的婚礼》中的一张版画,曾经在父亲插图版的《历代传说》[1]中见到过。打斗的场面中没有女性，只有罗兰与奥列维，他们戴着头盔，赤裸上身，盾牌相抵。

我想象着汗水侵入兵器和铠甲散发出的味道，这应该与我湿乎乎的手攥着一枚铜币的味道相似（不知为什么，我对这种味道如此痴迷）。紧绷健硕的肌肉，潮湿燥热的皮肤，与之相抵的铠甲同样的湿热。刀剑之下，铠甲被砍得七零八落，两武士中的一个已经丢了马刺。画中并没有血肉之伤，有的仅仅是撕裂的金属和被汗水浸湿的青铜气味儿。在幕后是"美丽的白臂奥德"，她优美洁白的双臂从长袍中露出来，那仿佛天鹅绒般质感的睡裙，肩膀处嵌着金别针。两条裸露到肩膀的手臂，在厚重的红色天鹅绒映衬下显得越发的洁白。窄细纯金的冠冕束着乌黑的头发，结实的罗马凉鞋中是赤裸的双脚。她就像个歌剧演员，用宽大的长袍遮掩住丰腴的身体。铜币、青铜的铠甲，像是攥着勃起阴茎的湿乎乎的手，蒸汽浴室的闷热，结满水珠的皮肤，滚动翻卷的蒸气，总之一切都像发生在罗马浴室之中。

牺　牲

1927年，我去希腊旅行，在奥林匹亚，宙斯神庙的

---

[1] *La Légende des Siècles*，雨果的诗集，一部用诗歌描述人类社会历史的鸿篇巨制。

废墟前,我忍不住以手淫做了一次祭献。至今我仍记忆犹新,那天阳光明媚,四处是昆虫的叫声和松枝的味道。光滑的灰色石面上,那私密祭献的精液,依然在我眼前。我第一次真正意识到(并非矫揉造作,而是出于本能)何为牺牲,以及"牺牲"这个词所包含的神秘的、令人陶醉的一切。

在更久远的记忆中,我联想到另一次经历。同样是一次以牺牲为意图实施的完整祭献。正处在青春期的我,和同伴创立了一个崇尚异教的三位一体礼拜。我们发明了:啤尔、古堡和古达[1]。礼拜仪式在我的房间里进行,大理石壁炉被当作祭台,上面摆放着我们为祭献酒神啤尔所喝的啤酒,我们为祭献烟草之神古堡而抽的"三古堡"香烟。唯独古达神,由于禁忌所致,没有祭献物指涉。为了祭献这位神明,我俩并未犯下什么可供指摘的罪行,仅仅是分别在各自心中,独自地将自己祭献给他。

如今看上去,这些行为被多少渲染上一层文学色彩(对神话的兴趣——它为我构建起在希腊、拉丁和日耳曼诸神之间和谐的画卷——圆形剧场出口罗马式的狂欢;拜伦勋爵笔下的盛宴,人们用头骨啜饮潘趣酒)。事实上并非如此。比如,我们更乐于在进行这种崇拜仪式的过程中,

---

[1] 啤尔(BAÏR)、古堡(CASTLES)、古达(CAUDA),分别影射啤酒、烟的牌子(Three Castles)和拉丁文"尾巴"(有性的隐喻在其中,所以成为禁忌)。

吓唬我的小外甥女，她不过是个小姑娘。有一天，我清楚地记得，我们先是关掉灯，让房间里一片黑暗；然后将熄灭但仍炙热的火柴放进嘴里；以此来证明我们是可怕的神祇，一种棘蜥[1]的化身。这暴露了我们孩童式的性虐倾向，同时，我们隐隐约约地将色情和恐惧重合在一起，这恐怕是我有关于此最早的记忆，我之后的性生活无疑被这种重合所控制。

追溯得更远一些，在我懂事前两三年，我也曾有过类似啤尔、古堡和古达的三位一体的观念，它那时就已经表现出我对于同一法则秩序的关注，或许我们可以将其称之为"神学"。我那会儿经常对姐姐说，也就是我那个外甥女的妈妈，我会永远单身，我们将永远住在一起，在一处拥有白木家具的房子里，家具上只有三种图案装饰：圣母、贞德和维钦托利[2]。在这种三位一体中，圣母和维钦托利一对夫妇的装扮，而贞德则被再现为他们的结晶，她好像雌雄同体，既保有处女的贞洁，又拥有武士的勇猛。正是得益于她身上的这种双重特性，我将她视作后来两个暴烈女性形象的前兆，这两个人如今就伫立在我脑海中：冰冷的鲁克丽丝与手持长剑的朱迪特。白木家具不事张扬，简洁、朴素，也同时预示了我偏好冷硬之物的口味。也就是

---

[1] Moloch，是一种生活在澳大利亚沙漠的蜥蜴，浑身生刺，又被称作"带刺的魔鬼"。

[2] Vercingétori（约前82—前46），高卢部落的领袖，曾率领高卢人对罗马人的侵略做最后的反抗。

说，我被一种惩戒所纠缠，在我儿时的噩梦中，鬼魂常常以这种象征形式出现在我眼前。比如：一团乌云，看上去像一个身穿长袍、头戴高帽的法官；一把我父亲的左轮手枪，被藏在黑色的旧衣服旁边——美式武器，被用来代表法律；同样，餐室墙上挂着的警棍，那是我祖父访问伦敦时获赠的礼物。

妓院与博物馆

1927 年底 1928 年初，我从希腊旅行归来，做了这么个梦：赤裸的×××和我，睡在一处。她趴伏在我腹部，她的背、臀、腿，无不白皙光滑，让我爱慕不已。吻着她的背脊，我脱口而出："特洛伊之战（La guerre de Troie）。"醒来时，我想到另一个词"隘口"（Détroit）[1]，无疑它足可以解释一切（隘口＝股沟）。

"特洛伊之战"这句话让我嗅到一股浓浓的考古学和博物馆的味道。事实上，我对博物馆就像对古代遗存一样情有独钟。在一座布满雕塑或挂满绘画的博物馆里，我总忍不住想象，在某个不起眼的角落，隐藏着淫乱放荡的场所。最好是，出其不意地抓住一个陌生的美人——从背后望去，只见她举着长柄放大镜，正躬身欣赏某件名作——将她占有。而她，表面看来仍然沉着镇定，就像教堂里的

---

[1] 法语中 Détroit 与 de Troie 发音相近。

信徒。或者可以说她是个传说中的食人妖,你付钱,她一丝不苟地干完她的"活",便俯身白色的马桶,将嘴中的污秽倾吐干净,然后用力刷洗每一颗牙,再次呕吐,这一切,带着柔软的噪音,几乎让人昏厥,让人感到一种从心底油然而生的寒冷。

再没有什么地方比博物馆更像妓院的了。在这里我们可以找到同样的暧昧可疑,同样的石化僵硬。博物馆里,那些维纳斯、朱迪特、苏珊娜、朱诺、鲁克丽丝、莎乐美……女主角们被定格成一幅幅美丽的图像;妓院之中,鲜活的女士们,同样有着经典的衣着穿戴,模式化的动作、语言和习惯。无论置身在前者,还是后者,我们都遵循着某种方式,或者说行为总带着某种考古学的标记。我曾经如此地迷恋妓院,也是因为它弥散着古意,只要去想一想那些奴隶市场、那些仪式化的交易。

12岁时,我第一次对此有了认知。

一天,我的两个哥哥中跟我要好的一个告诉我,我们的大哥——当时他已经是工艺美校的学生——被他的同学带去了一个叫作portel[1]的地方。那儿有点像个旅店,他对我说:"我们可以租赁女人,对她做我们想做的一切。""portel"这个词,是我当时臆造的,我扭曲了这个概念的本意。因为这个神秘的地方让我首先联想到门(porte)和旅店(hôtel),这无疑是这两个词的缩合。事实上,如今再去妓院,那让我

---

[1] 正确的拼法为bordel,法语意为"妓院"。

最为激动、难以自禁的,仍然是跨进门槛的一瞬。就像我们掷出骰子,或是跨过卢比孔河[1]。那时,妓院这个地方,让我最难以理解的是租赁这个概念。租一个女人就像是租一间酒店的房间。与此相比,对我来说,买一个女人似乎更为寻常。这也许是因为对买这个概念我并不陌生,我那时经常会听到"买个孩子"的说法,而且我也隐约能感到这里面的色情意味。租一个女人,可以对她"为所欲为",之于我简直是天方夜谭。

如今,在性交易中,让我更为震惊的则是它的宗教性特征。那些勾引与接待的仪式;那些出卖身体的程式化动作;那些统统指向唯一目的的机械性套话,而且往往以一种习以为常的方式被说出。我们甚至不能把这些简单地归于"精心计算",因为它们都带着某种坠入永恒的气息。我每每为之感动,就好像被某些风俗中的婚礼仪式所感动一样。无疑在两者之中,我们可以找到相似的、远古的、祖先的遗存。

我的这些感受,从某种程度上讲,或多或少来源于童年的那些启蒙读物。

年少时的我常从父亲的书架上偷取一些插画书看,为了一些难以启齿的目的。它们基本上是一些古代题材的著作,像皮埃尔·路易的《阿芙洛狄忒》(Pierre Louÿs,

---

[1] le Rubicon,公元前49年凯撒曾越过此河同罗马执政官庞培决战,比喻破釜沉舟。

Aphrodite)、阿纳托尔·法朗士的《苔依丝》(Anatole France, *Thaïs*)。至今我还能想起阅读亨利克·显克维支的小说《你往何处去》(Henri Sienckiewicz, *Quo Vadis*)时,被其中尼禄皇帝荒淫狂欢的场景所震惊的情形。

我还记得让·黎施潘的《故事》(Jean Richepin, *Contes*)中的一张彩色插图:一位赤身裸体的女魔术师,皮肤白皙,头发乌黑,有着结实的胯部和硕美的大腿。她一脸严肃,站在一张塞满血淋淋鲜肉的长椅旁,正要俯身睡去,或是将某个人催眠放倒在上面,就像一种巫术仪式。我的关于妓女卖淫与先知占卜同根同源的想法,岂不可以从这张插画中找到来源?(我喜爱的妓女都该有那么点神秘迷信的气息。我常常希望遇到这样的姑娘:裙子卷得高高,胸部丰满壮硕,脸上浓妆艳抹,坐在角落里一张油腻腻的桌子旁,抽纸牌。我也喜欢去一些邪里邪气的地方,像算命婆子家,想着自己也许命中注定会沾染上淋病或梅毒。)对我来说,也许就该直截了当地将古代与赤裸联系在一起,难道这古代不确实混杂着后者的某种残酷?

关于"特洛伊之战"的梦,我构建起如此众多的关联,这无疑是因为它古代的特征和直露的性感。这些之于我与买春卖春的画面毫无二致。在同样隆重的仪式中,一种神圣的剥夺和抢掠。这里同样混入了史诗般的元素(至少我们在这里提到"战争"这个词)。我自问,它们难道不都表现出那种血腥暴力的特性吗?我难以自禁地将其归结为一种性器官的撞击。很小的时候,我曾想象婴儿降生,并非从母亲的阴部，而是由她的肚脐。我更年幼时，曾对肚脐不过是个刀疤的解释惊惧不已。

家中精灵

如果说古代作为一个时代，它的精彩之处在于人们赤身裸体，那么它也同样以另一个面貌示人：就像画中的鲁克丽丝与朱迪特一样，一些穿着长裙或罩着长袍的女性。她们并不赤裸，而是包裹在宽大的睡裙之中。

那时，小哥哥和我共用一间卧室，和父母的卧室并置在走廊尽头两侧，被一间储藏旧衣服和旅行箱的小黑屋隔开。每次我从它前面经过都不免心生恐惧——也许一只野兽会突然从暗处出现？里面、最里面，难道没有一双狼眼在烁烁放光？我淘气犯错时，父母就会威胁要把我关进这间小黑屋。由于房间距离很近，他们睡下时，我常常能听到从他们那里传来的喃喃低语。他们卧室的床上、家具上都遮着一层士兵蓝色的罩布。两间卧室的门并不总是关闭，至少上床睡觉时，他们会让门开着，为了知道我们是否睡得安稳。因此，我偶尔会看到妈妈准备就寝时更换睡衣的情景，我总是暗暗观察，尽力不被发现。还记得有一晚，我一边手淫，一边偷看她赤裸的乳房。

直到现在我想起妈妈，浮现在眼前的总是她穿睡裙的模样，长长的白色睡裙，蝴蝶结扎在背后。当我生病喉咙发炎时，她的这身装束也总让我倍感温暖。

半夜醒来,忽然一阵震胸荡肺式剧烈的咳嗽,几乎撕裂我的喉咙和气管。这咳嗽就像一枚楔子,或是一把斧头,越来越深地嵌入我的身体。这种疼痛让人难以忍受,但同时也带给我某种快感。每一次病症发作,我都留心观察,看咳嗽愈演愈烈,直到我的五脏六腑随之震颤。而且我还知道,接下来必定是母亲的担心和怜悯,必定是施加于我的悉心照顾。我成了被关注的焦点,感到一种莫名的幸福。于是,我常常情愿自己生病,只要不是痛苦难当,因为我喜欢病痛带给我的无辜感和随之而来的特权,以及家人给我的无微不至的关心。即使是发烧本身也令我迷恋不已,它带来一种肌肤的敏锐感觉,那种紧绷的状态,那种浅表层的迷醉。

妈妈把我抱到餐厅,坐到火炉边,将我放到腿上。这火炉,我们叫它"拉迪厄兹"[1],是制造商的品牌之名。"拉迪厄兹"炉身两侧配备着两个长长的储水槽,每一个都有十来升的容量,伴随着煤炭炙热燃烧的噼啪声响,热能将水转化成蒸气,以缓和室内的干燥。炉身正中有一个典型的共和国女性的肖像,所以炉子被赋予了"拉迪厄兹"这么一个女性化的名字,这也使她成了我们家庭中的一员。我还记得一次餐厅中的事故,让她成了戏的主角。哥哥和我想给储水槽加水,却加错了地方,把水倒进了烧煤的炉

---

[1] Radieuse,形容词 radieux 的阴性形式,法语中是"发光的、光芒四射的"意思。

膛里。于是，很自然地白烟四起，蒸气大作，炭火由"拉迪厄兹"之口飞进四溅，将地板烧得伤痕累累。我俩则是既惊异又恐惧。这次事故之后，我想自己终于弄懂了神秘的火山喷发是怎么一回事。近海的火山，海水渗透进火山口中，与地心的红色岩浆相遇，将沸腾、气化之物喷溅出来，就像是侵蚀了地板木条的炭火之雨。还有一次，因为要清扫烟道，这铸铁机械被搬离她的所在。我清楚地记得，一个看上去像个小孩的黑漆漆的烟道工人爬进烟道。呼喊与回应穿过难以置信的声学的管道，将房子由上至下钻通，也许只有上帝才知道这垂直的管道会发生什么。它与真正的隧道，或者火山的喉咙别无二致。然而，这种连通似乎又与圣诞之谜息息相关，因为圣诞这出戏也需要这种让人将信将疑的羊肠通路，作为美妙宝藏的玩具被放置在圣诞树下，就像是一种炭烤烟熏的魔术。

我靠近"拉迪厄兹"，安坐在妈妈腿上时，炉火温暖舒适，这个机械之物根本不会让我觉得她是个恶魔，而只是一个温和良顺的怪兽，呼噜噜喘着令人安稳的粗气。妈妈身材矮小，老旧的睡袍完全遮住了睡裙和背后的结带。爸爸披着居家的外套，手中是一个装满淡褐色液体的小瓶，也就是给我准备的药[1]，他说这药里有一根可以挠刺我喉咙的羽毛，会让我有点想呕吐。我不喜欢呕吐的感觉，但想想那根羽

---

[1] 吐根酊（Syrup of ipecac），亚摩尼亚浸吐根提取物，是一种天然的催吐、化痰剂。

毛，我又觉得很妙。想着自己成为这出在午夜上演的悲剧的中心人物，母亲如古罗马妇女一样坐在"拉迪厄兹"——这蓝色金属怪物旁边；父亲在亨利二世风格的碗橱绞拧的装饰中寻找着吐根。

唐璜和骑士

我并非什么珍本的爱好者，但对待自己的图书却如恋物癖式的精心。这些书中最钟爱的两本是妈妈给我的，我想，那是她还是小姑娘时获得的礼物或奖励。

一本是拉辛的作品，我爱它，是因为其中的《伊菲革涅亚》[1]（克吕泰涅斯特拉为了保护女儿，愤然起来反抗丈夫阿伽门农，因为阿伽门农狠心要将女儿祭祀求风；诸神现身，电闪雷鸣）。我爱它，也是因为拉辛的诗风，他的诗同时拥有那种我喜爱的古代的坚硬和一种闺房卧室中的丝绒感，在他那儿，所有的线条都圆滑流畅，仿佛恋爱中的肌肤。

另一本是莫里哀的作品，我讨厌这个作家，他所有的作品都弥漫着一股斤斤计较的刻薄气，除了《唐璜》。（"这个伟大的爵爷，也是个彻头彻尾的坏蛋"，那种伟大充分显露的时刻，就是那石像骑士在闪电中恐怖现身的一刻，它的面色似石膏苍白，皮肤因年代久远而僵硬。）

也许，对这两本书，至少是它们中很大一部分的爱，源

---

[1] Jean Racine, *Iphigénie*.

于我对一种古典形式的偏好。我喜爱那些如同出自一个稿本的美妙句子，它们仿佛勃起的动物性器官，或是紧绷的埃及方尖碑。从某种意义上讲，"古典"和"古代"对于我没有什么不同，因为它们总是同样的纯粹、坚硬、冰冷、紧绷，随便我们怎么形容它们！

以我父亲书架被禁阅的那一排图书的视角来看，我从母亲处获得并转移到书本上的温情，以及我从被当作物件的书本上获得而转移到书的内容上的温情，都无疑源自天性，这强化了我最早赋予古代的那种含义。对书的记忆造成了我许多的困惑和不安，其中以我在书中发现的两个女英雄的图像为最，她们分别来自古罗马时代和《圣经》传说：鲁克丽丝和朱迪特。

III 鲁克丽丝

鲁克丽丝,柯拉廷努斯·塔昆纽斯的妻子,倨傲的塔昆纽斯国王的侄媳。倨傲的塔昆纽斯以他在公元前510年的惨死而著名,他的死也标志着罗马王政时代的终结。公元前509年,罗马的王公贵族们去围攻阿狄亚城。他们想知道,离城之际各自的妻子是否牢守妇道。趁着夜色,王子们骑马赶回罗马,发现他们的妻子无不饮酒、宴游、嬉戏,唯独柯拉廷努斯的妻子深夜仍同侍女们纺织。鲁克丽丝的美貌让倨傲的塔昆纽斯的儿子塞克斯图斯念念不忘。几天之后,塞克斯图斯重返罗马,来到鲁克丽丝家,请求借宿。半夜,他闯进闺房,威胁鲁克丽丝,如果她胆敢吵嚷反抗,他便杀了她,然后再诬陷她对丈夫不忠。鲁克丽丝被迫顺从。第二天,她找来了父亲和丈夫,叙述了自己被凌辱的经过,然后就在众人眼前举刀自尽。人群中裘涅斯·勃鲁托斯拾起带血的尖刀,号召人民起来反抗,这也就吹响了塔昆纽斯王朝覆灭的号角。

III 鲁克丽丝

(《新拉鲁斯图解词典》，故事来源于蒂托·李维[1])

说到爱情行为，或者应该说是睡的行为，因为睡更富戏剧性，我情愿将之命名为"真理的场域"，就像我们在斗牛术中命名表演场地那样。当斗牛士，或曰"杀手"独自面对公牛时（如果用斗牛界的黑话讲，也是被"封闭"其中），他所给出衡量自己价值的尺度。同样，性交易中，与自己的同伴孤室独处，这表面上意味着一种操纵控制，而嫖客们往往发现自己面对的是一种真实。对我来说除了恐惧，很难在某些事上保持一种较高的姿态，因为我总感觉在一种不真实的荒漠中挣扎。我是个斗牛的狂热爱好者，胜过对戏剧、马戏的狂热，因为在剧场里所有东西都被削弱了，它们成为每晚固定不变的重复，无论程式化的表演，还是潜在的危险都是事先计算好的。斗牛则不同，我感觉自己参与了某种真实：一种行刑，一种祭献，而且它比任何宗教性的祭献都更有价值。因为这里祭祀者也处在死亡阴影的笼罩之下，与魔术般虚假的死亡相比，祭祀者困陷在牛角丛中，面对的往往是真实的一击。无论是谁，暴露在这种情形下，都是与某种超自然的东西最直接的接触。问题并不在于，如今的斗牛是否已经远离了古代克里特式的斗牛术，是否已经远离了对密特拉神[2]的崇拜，或者其他一些屠牛的宗教信仰。问题仅仅

---

[1] Titus Livius（约前 59—17），古罗马著名的历史学家。
[2] Mithra，也写作 mitras，是一个古老的印度-伊朗神祇。

是弄清，它为什么希望自己以祭献的面貌示人，而因此被赋予了一种充满激情的受难价值。这远不止施虐那么简单，这种由神圣牺牲所酝酿出的慌乱、困惑、不知所措掺杂着性的冲动。

总的来说，斗牛看上去如同传说中的悲剧，我们可以将它的主题总结如下：野兽被英雄征服、宰杀。斗牛士与死亡周旋，迷惑着它，依靠奇迹逃生。在这好似神性降临的时刻，他被危险不停地追赶和接近，大祸临头的感觉触发一种眩晕，而这眩晕中同时混杂着恐惧和喜悦。只有如此他才能成为英雄，让观众感同身受，通过他这个媒介，观者得以触及永生，那是一种命悬一线的永恒所带来的陶醉。

至于那野兽，有种说法它命定有此一劫。而所有的观众都是这场谋杀的同谋，他们毫无例外地结为一体，参与其中。他们根据杀手的表现，或是高声喝彩，或是起哄揶揄，为了他们自己可以进入杀手的身体，与其合而为一。他们高喊着"Olé！"[1]为斗牛士助威，这并不是奖赏，而是施以援手。就像孕妇临产时，旁人为她鼓劲加油。

从斗篷到长矛，从长矛到借助斗篷隐身的斗士，从斗士再到投枪，从投枪到长剑，从长剑到短刀，庞然大兽不断地被纠缠和引诱，用不了多久它就会变成一堆怒气冲冲的肉山。如果这仅仅是为了吸引眼球，仅仅是一场装饰繁复的谋杀，那么斗牛绝对不会拥有那非凡之美。这美取决于杀手和

---

[1] 在西班牙斗牛中人们发出的加油叫喊声。

公牛之间所构筑的事实（野兽被斗篷围绕迷惑，斗士在公牛身旁闪转腾挪），你死我活的拼杀与水乳交融的结合同时存在。爱情和祭献仪式同样也再现着这种真实，它们与牺牲者直接相连。祭献者与参与者完美地融合在野兽体内，野兽是他们通往彼岸神秘力量的媒介。而吸取这野兽的精髓往往是通过夺其命、吞其肉实现的。

如今的斗牛仪式，我们很难称之为某种神秘崇拜的直接遗存，因为它看上去宛如一种骑士风范的展示，它遵循着骑士比拼的程式和法则。事实上，在20世纪初佩德罗·罗密欧、寇斯蒂拉尔和佩佩·希罗这些职业斗牛士发展出一套现代斗牛术的规则之前，一切都要野蛮粗糙得多。尽管如此，我们可以指出它身上许多特征，它们无不神秘地落向祭献暗含的主题。

首先，重要的斗牛赛事几乎都在当地的节庆（fiestas）期间举行，这些庆典又关联着宗教。其次，斗牛士穿着特殊的、装饰得亮闪闪的服装，我们称之为"光辉礼服"。这服装不禁让人联想起祭司的装束和装饰，斗牛士俨然成了某种神职人员。但为了表明身份，往往在脑后结个发髻（coleta，如今很多是假的、装饰性的），就像教士为了表明身份剃度一样。

如果更深入地观察，我们无疑会被斗牛标志性的极端的细节所震惊，特别是那致牛死亡的过程。在演员这一边，我们看到斗牛的规则与竞技体育完全相反。体育比赛中，面对对手有限的防御性反击，进攻一方无需收敛自己的攻击。而斗牛术的规则只允许以极有限的攻击来对抗公牛肆意的反击。同样，我们相信自己在现场感受到的绝非一种体育赛事，因为体育规则带来的只是如刺绣一样的谨慎和怯懦。斗牛相对于那种小心翼翼的、事先计算好的表演，更像是一种魔术般的运动，这涉及那些标志性的风格化特征，它要求一种迅捷和有效。在观众这一边，我们注意到，刺死公牛是在一种庄严肃穆的氛围下完成的。如果持剑的斗士表现得如同大艺术家一样勇敢、果断，他会赢得全场的喝彩；如果他没能以应有的方式杀死公牛，展现的仅仅是简单的屠杀，那么他只能在观众轻蔑的嘘声和愤怒的喧哗中黯然离场。同样，人们会为表现勇猛的公牛鼓掌叫好，对那些裹足不前的则讥笑咒骂。尽管是这样，在面对一个即将赴死的造物时，观众的姿态也被一种宗教氛围笼罩。斗兽场中，当野兽倒下时，几乎所有的观众都会起身高呼，而只有等到下一头野兽入场才会敛身坐下，这也同样从另一方面证明了斗牛的宗教性。此外，我们还可以注意到其他一些惯例：比如它的交替性，老斗牛士会为新入行的斗牛士授职，就像将武器交付给一个骑士；比如杀手将他就要执剑刺死的公牛献给在场的某个人，抑或所有的观众，献给这座即将庆祝节日的城市（于是，公牛就这样奉献出自己，确切地说，作为牺牲者）；再比如吞食被祭献野兽的生殖器，这习俗似乎是近来才有的，但被某些狂热的斗牛迷奉为圭臬，以此来获得公牛的英勇，他们会把这些东西带到斗牛场，边吃边看，他们也热衷于剥牛皮的场面，将其视为一种宗教盛宴。

斗牛赛的魅力就在于它与这种宗教仪式感相连（他比一切西方的现代宗教更本真，现代宗教往往丢掉了它们深层的内涵，它们所谓的祭献不过是一种象征形式）。我觉得，斗牛赛的动人之处并非于技术上的好与坏，真正重要的是，野兽的死必须遵守严格的规程，而杀手必须冒死亡的危险。

我如今已经看过六场斗牛。第一次，在弗雷瑞斯古罗马斗兽场，这是一次纯属可耻的表演：斗牛士不是太老就是太年轻；被杀的牛像在屠宰场中一样，吓得屁滚尿流，嗷嗷直叫；为了假装西班牙风俗，观众表现得粗鲁莽撞；主持人割下被拖泥带水地屠杀的野兽尾巴，斗牛士（这些人也许配不上这个称呼）做个谄媚的姿势，将尾巴抛向包厢里的一个女观众；女士尴尬不已，周围的人只好打圆场，用报纸将战利品裹好，试图让她明白这是个优雅的举动。第二次（"类似的"角斗，在圣洛朗－德塞尔当，法属加泰罗尼亚），虽然可笑，但也感人：斗牛赛是以在村中广场上跳萨尔达那舞开场的，一种叫作特娜拉（tenoras）的吹奏乐器将气氛渲染得热闹喧哗；酒店的阳台都变成了包厢，栏杆上系满披巾；人群争先恐后地争抢荣誉绶带（一个屠牛的男孩独占鳌头）；大伙儿为斗牛士募捐一条内裤，因为他那条被公牛一角扯破。第三次，在萨拉戈萨，一次见习赛（novillada，一种常规赛，见习斗士和年轻或有缺陷的公牛较量），尽管表现平庸，票价低廉，这场面仍有非凡的魅力：一名叫菲德尔·克鲁兹的斗牛士两次被牛角掀翻，爬起来面对公牛时已面色铁青，他最终成功地完成了漂亮的致命一击（descabello），一剑刺中后颈，深入骨髓，公牛应声倒地；一头受惊吓的野兽险些蹿上观众席；一个年轻的塞维利亚小伙儿，尽管斗篷耍得很漂亮，几乎将自己包裹起来，杀法也是中规中矩的，但牛却有气无力，严苛的观众徒劳地想要换掉它，斗牛士在满场纷飞的坐垫中完成了他的表演，对手被置于死地，他以帽掩面而泣，在伙伴的簇拥下离去。比赛被一个抽奖仪式打断，在斗牛场正中，被安置了一个内装号码牌，可以用曲柄摇动的木桶。在安达鲁小伙儿受尽羞辱的折磨后，公众仍不依不饶冲上赛场，这集会最后不得不在警察们的棍棒驱散下收场。第四次，在巴塞罗那，"纪念"斗兽场，场内布满了广告牌，就好像巴黎的冬季自行车赛馆（Vel' d'Hiv）。两名斗牛士——一个来自墨西哥，一个来自巴斯克——在难以对付的野兽面前闪转腾挪。为比赛配乐的竟是个红十字会乐团，大家见怪不怪。斗牛的过程虽然艰辛、危险，但充满平庸、沉闷。最后两次，是我去年夏天看的，前者在维多利亚，斗牛士有："卡冈乔"诺阿金·罗德里格兹（一个高傲的吉卜赛人，他的优雅和他的惊慌同样出名），"受欢迎的"佩佩（风格古典细腻），"学生"路易·戈麦斯（医科学生转学斗牛术，身板笔直就像个字母 I，瘦高挑，风度翩翩），"战士"路易·卡斯特罗（墨西哥人，有着令人炫目的勇气，凶残的斗士）。之后在瓦伦西亚，斗牛士名叫拉斐尔·庞塞，又被称作"拉法埃利奥"（也就是"小拉斐尔"的意思），当地孩子，各种报纸一致视其为神童。这最后两场斗牛，无论从哪个角度讲都让人赞叹不已，让我为之着迷，但它们并未揭示给我什么，从而改变我的看法。与我所观看过的所有斗牛相比，除了几次未能将牛刺死的情况，很少有其他的事能让我如此震动。斗牛的本质并非是表演，而是那些类似祭献的元素，那些为了杀死公牛，在死亡边缘完成的严苛动作。

当我观看斗牛比赛时，毫无例外，在长剑刺入牛身体的一瞬间，我或是将自己设想成公牛；或是斗牛士，冒着被牛角刺中的生命危险（有可能自此一蹶不振），在那一刻，干净利落地证明自己的男子气概。

在被粗鲁的塞克斯图斯·塔昆纽斯强暴之后，那泪流满面的鲁克丽丝的形象成了一个足以触动我的启示。对我来说，爱情就意味着苦痛和眼泪。除了目露凶狠坚毅之光的朱迪特，只有这种哭泣的女人能够如此地吸引我，让我为之感动。回想我最为甜蜜的童年，与此相关的回忆所涉及的都是那些"受伤的女人"的故事。

舅舅，杂技演员

在我还很小的时候（也就是说，每天早上还是由妈妈给我洗漱），一次，妈妈将她哥哥接来住。因为他的手腕骨折了，没人照顾。他刚刚离婚，生活拮据，请不起护士或是管家。一天早上，妈妈抱着我，来到舅舅的房间，为他的伤口做护理。妈妈忽然脚下一滑，摔倒在地，恰巧磕在桌角上，头被撞破了，鲜血直流。舅舅因为手臂打着夹板，干看着无计可施，只好高声呼救。我也大头朝下，下巴狠狠地砸在地上，发出狼嗥一样的叫喊，之后好多天，我都疼得张不开嘴。

这位舅舅是妈妈的哥哥，他的手腕骨折是引发上述事故的第一因，他是一个对我影响颇大的人物。也许是因为他的长相，也许是亲缘关系将他和妈妈联系在一起，我一直都非常喜欢他。这一点正好与我爸爸这一边的亲戚相反，他们几乎没有一个不让我厌烦。舅舅出生在一个高级公务员之家，他的父亲是"1848年共和国"精明强干的警察，典型清教徒式的资产阶级。尽管舅舅以他自己的方式奉行正统观念（比如，那会儿他每周都去教堂礼拜，但为了不被周日的人群打扰，他选择在周三），但联系到出身，他的一生尽被丑闻困扰。

舅舅着迷于戏剧，又有喜剧天赋，于是立志要做演员，目标就是法兰西剧院。然而，他受不了与那些摆臭架子的蹩脚演员共事，改行去演音乐剧，扮一些侠盗剧中的角色，游走于外省和区镇的舞台之上。不久，音乐剧也同样让他觉得太虚假和装腔作势，他又成了咖啡馆的驻唱歌手和马戏团的杂耍小丑。他这才终于找到适合自己的天地，觉得那里的人简单、直率，他们将灵魂和肉体毫无保留地奉献给艺术。

与此同时，当舅舅用一次愚蠢的婚姻，和紧接着一次更愚蠢的姘居结束他动荡的爱情生活时，对周围的中产阶级来讲，他无疑是走向了"堕落"。他喜欢这两个异乎寻常、粗鲁之极的女人胜过其他人。前者是个追随一群中国流浪艺人离家出逃的农家女，她先是学习表演赤口吞剑，之后是在钢丝上跳舞蹈。她靠着漂亮的身段迷惑舅舅，使他"坠入爱河"。

然而,舅舅最终厌倦了她动物般的肉欲,而且,舅舅被这个比他年长的女人的嫉妒折磨得近乎疯狂。我对这个女人遥远的记忆,就是她一身红裙,仿佛刚刚从鲜血中漂染出来。继之的姘妇更是丑陋不堪、粗鲁下流,与前者相比更加愚蠢,她以不间断的无理取闹烦扰舅舅,又时常近乎侮辱地嘲笑他。

妈妈非常爱她这个哥哥,我经常听她和爸爸谈起他,说他是个"堂·吉诃德"式的人物。很多年里,他几乎每周都来我家,如果我没记错应该是每个周一,来吃午饭。他经常带我去音乐厅,像个内行,从头到尾地给我解释那儿的一切。比如,他知道,在各种情况下,欧洲有多少人能够从事我们看到的这种训练。他教我去热爱真正的工作,郑重地警告我去抵抗那些显得庸俗不堪的东西。有时,他也带我去他的一些老朋友家,他们都是杂技场或音乐厅里的艺人。我特别记得其中的一家,街头卖艺的,像菜农一样住在贫民窟的窝棚里。舅舅也住在巴黎郊区,一间狭小的居室,屋里有张桌子摆满了杂耍的器具:红球、白球、铁球、各种形状的棍子、狼牙棒、高帽子。尽管他不再从事这一职业,每天早上还是要耍上一阵,当作身体的修炼。而且,他经常会在我面前一试身手,他的机巧灵活让我如痴如醉。身材瘦长,鼻子高耸,他明明就是个堂·吉诃德式的杂耍艺人。在姐姐怀孕时,哥哥和我正在区分我们面前这两个体量迥异的人物,因为那会儿我们正着迷于多米诺骨牌,于是就习惯地将他们分别称作双六"朱丽叶"和双零"舅舅利昂"。

尽管舅舅日益年迈,完全不懂得附庸风雅,提前进入归隐生活,但他对时事仍保持着敏感,他的感觉有时敏锐得吓人。就像在"大战"期间,是他第一个提醒我夏尔洛[1]系列电影最初的上映,他告诉我,一个绝对的天才小丑即将诞生。他反复讲给我的一些箴言一直铭刻在我的脑海中,至今我仍赞同不已。是他让我明白,在音乐厅,唱准每一首歌,演对每个动作,要比野心勃勃浮夸的表演更需要天赋。同样,他还告诉我,有可能"在一首不值钱的歌曲中的诗意要多过一出古典悲剧"。

和舅舅比起来我就像个胆小鬼,但我仍感到自己与他是那么相近。舅舅终其一生以令人钦佩的坚定意志去追寻,追寻那些在别人看来的堕落之事。就像他领回家的女人,一个是从剧场铺地的锯末中,另一个是从路边的人行道上。同样,他对赤裸的、本真的事物情有独钟,而且他觉得这种东西中只能在那些谦逊、卑微的人中找到。再有,对于他来说,似乎只有在自我的祭献中才能寻得快乐。这一点上,我与他完全一致,我一直都在追寻(同时不无畏惧),那些各种形式的祭献:苦痛、挫败、赎罪、惩罚。

还有一点让舅舅的魅力在我眼中更加放大。他一生混迹于各种领域,毫不在乎这些领域的好与坏。特别是,他年轻时还被他想要抛弃的女人捅过一刀。

像我父亲一样(父亲要比舅舅晚去世几年),舅舅死在大雪纷飞的季节。终其一生,他也没有见过如此让人头晕目眩的大雪。

---

[1] 夏尔洛是卓别林系列电影的主角。

戳瞎眼

大约六七岁,一天,在玩艾雷塔(Eurêka)卡宾玩具枪时,我不小心将一支箭射中了家中用人的眼睛。罗莎,是个有些轻佻的女人。她飞奔出房间,高喊着眼睛被刺瞎了。

女侍者在我眼中从来没什么格外撩人之处(只有两个例外,一是哥哥和我的德国保姆,我不知道她为什么被叫作"泡芙"[1];另一个是之后,我和父母去一处英国海滨度假,宾馆房间的服务员)。因此,我对刚刚叙述的事件并不那么肯定,尽管这样,它对我仍有一种特别的模糊不清的价值。而且,我确实能回想起那些由我引起的哭泣和喊叫,这无疑连接着那个女孩被戳瞎眼睛的记忆。

有关"戳瞎眼"这种让人不快的记忆,我还能回想起另外一次。那会儿我已经10岁或11岁,我和姐姐、姐夫一起玩一个游戏。游戏的过程如下:

我们蒙上"病人"双眼,然后,告诉他,他要去"戳瞎某人的眼睛"。他被引着,绷直食指,走向被假定的受害者。在自己眼睛的高度,受害者举着一只装满浸湿的面包芯的蛋杯。当食指戳进黏稠混杂物中时,受害者假装尖声惊叫。

这个游戏中,我就是那个"病人",姐姐是受害者。我的恐惧难以言表。

---

[1] Éclair,一种长条巧克力夹心泡芙。

"戳瞎眼"对我来说有着非同寻常的含义。直到今天，我通常将女性的性器官看作一件脏东西，一个伤口，然不失其诱惑。但是，它就像所有血淋淋、黏糊糊、脏兮兮的东西一样危险。

被罚的女孩

我的八年级[1]（？）是在一所非常正统的小学度过的。学校挑选一些年纪大的孩子，在圣诞节或是颁奖典礼上，表演宗教剧《耶稣的诞生》。这出戏以多幕短剧呈现，通过不同的神迹，在世俗的世界中宣布耶稣基督的降生。剧终于东方三王和牧羊人的朝拜。除了最后一幕，我如今只能回想起两个场景。

其中一个场景：主角是个希腊水手，他听到从海上传来的声音，宣告潘神之死，同时也预示着古老诸神的黄昏。

另一个场景是：一个贞女被判幽禁，因为她的疏忽，导致圣火熄灭（后来，我才知道这种折磨，也是对不守贞洁的姑娘的惩罚），而扮演贞女的是个男生，长得细腻白净，有表演的天赋，我记得他有个贵族姓氏。

整出戏，特别是年轻的姑娘被判死刑那一场，我被这混乱折磨得不轻。这种东西总是在我身体里勾起对古代的向往，仿佛一种命定的、坚硬的象征。为了更好地与命运之神的形象相符，这一场戏几乎是在朱庇特电闪雷鸣的介入下才

---

[1] 按中国学制，相当于小学四年级。

结束的。太多的镁粉突然燃烧起来，引起轻微的爆炸，将《牧人来朝》搅得一塌糊涂。

同样是这所学校（"大战"期间，我在这里重修课程，准备我的第二次高中毕业会考），有好几次我被赶出校门，那时我17岁，原因是教唆同学去"飞行员"酒吧酗酒，可说实话，他们只是学着我的样子，亦步亦趋，我从来也没蛊惑过谁。然而，每一次驱逐都被我成功地化解，因为我每每都能重获校长的信任。校长是个阿尔萨斯人，秃顶，留着吉卜赛人的大胡子，所以妈妈说他有点像拉斯塔法里（rasta）教的信徒。学校每周四都组织我们做弥撒，也许，他对我虔诚接受教化的态度惊讶不已；也许，他以为我将试图以实际行动来"救赎"自己，但我从未有过这种想法。

整个战争的后期，在经历了一段放荡的生活之后，那些比我年长的男孩纷纷应征入伍，然而他们的行动并未掺入任何爱国情绪，在我眼中，他们被赋予的光环就像是一种严酷的处罚，为了自我"救赎"，他们不顾一切地去寻求各自的惩罚。

殉道者

在我初领圣体的年纪，这桩圣事是我校外宗教生活的一部分，由一位神甫主持（他来自鲁西荣[1]，岁数不小了，看上去就像个心狠手辣的西班牙海盗，我们不听话时，他便用

---

[1] Roussillon，法国南部的东比利牛斯区。

指甲狠狠地掐我们)。作为奖励,我收到一本韦兹曼主教的著作《法比奥拉》[1]。在这本书里,基督徒惨遭罗马人的迫害被再现于插图中。比如其中一张少女受酷刑的场景,她被捆绑在拷问架上,手臂和大腿被一点点折磨脱臼。我并未读完这本平淡无奇的小说,但这个段落却让我久久难以忘怀。殉道者抽搐扭曲的表情,她散开的长发和被绳索捆绑的赤裸的双脚,依然清晰地浮现在我眼前。这是个平民家出身的孩子,一身破烂的长袍,被一群面目狰狞的军官和士兵包围。一个木制的绞盘将捆绑她的绳索一点点地绷紧。

这个记忆与另一个更加久远、更加清晰的记忆混淆在一起(我之所以说更加清晰,是因为我大约七年前又故地重游,那记忆让我激动不已),我还很小的时候,妈妈就带我去参观格雷万蜡像馆。

我记得在蜡像馆中有一幕日俄战争的场景,被围困的亚瑟港,前景中一具日本兵的尸体,太阳穴被子弹击穿。这屠戮的景象在我心中久久挥之不去。同样在这里,我还见到了著名的地下墓穴(Catacombes);见到了被栅栏分隔开的赤裸的基督徒们和狮子,他们已经被赏给了这野兽。其中一个美丽的女性蜡人,赤身裸体,天性中伟大的一面呈现于面前。她怀中的婴儿,似乎在吮吸乳汁,被垂下的长发遮掩,长发仿佛黑色厚重的斗篷,散在她的后背和胸前。不久野兽就用爪子将他们撕得粉碎,吸尽女人的鲜血和乳汁。我本能

---

[1] Nicholas Wiseman, *Fabiola or the Church of the Catacombs*.

地将自己设想成基督徒中的一个。我恐惧那些被画在背景装饰中的恶狮,我同样恐惧那些蜡像,他们仿佛一些奇异般变成木乃伊的尸体,然而,他们赤裸、镇定、泛着玫瑰红色的肉体,又让这恐惧中掺杂进某种欲望。

从纯物质的层次看,这种虔诚的戏码所带给我的印象与那本我没有读完的《法比奥拉》如出一辙,都在我身体中注入了一剂神秘主义的东西。我完成了通常所说的那种"热忱"的,或者说近乎"热忱"的初领圣体。在圣餐小饼于嘴中融化的一瞬间,我期待着奇迹发生,期待着传说中的启示。它比我的喉咙大很多,但我并不知道它会在嘴中像片剂一样迅速软化,我甚至有点担心将它一口吞下。惶恐不安的我为了正确地吃它,又将它呕回到嘴里,心想着万一我吞得太快,上帝就没法显灵。它与圣诞玩具是何等的相似,不管体积大小,都能顺利穿过烟道。然而,在期待之中的我失望至极,就像在恐惧之中的我一样(甚至比我初恋时的失望还要多)。我对自己说"这也不过如此",我不再期待什么奇迹,不再参与这种活动,不再相信它,也从未重新来过。

如此众多鲜活的记忆,它们每一个都各自以鲁克丽丝的特性再现出来,也就是说一个或被伤害,或被惩罚的女性。它们在那些危险的女性身边,在朱迪特身边往往显得苍白无力。

Ⅳ 朱迪特

朱迪特,犹太女英雄,故事以她的名字记录在《圣经·旧约》中。内容大致如下:尼尼微国王尼布甲尼撒的将军霍洛芬斯率军围困伯图里亚城,眼看城市要被攻破。一个叫朱迪特的寡妇,凭借神的启示,驱退敌军,拯救了同胞。她带着一个侍从离开城市,来到亚述人的军营。她求见霍洛芬斯,以美貌将其诱惑,置身于他的酒宴,待到他酩酊大醉,朱迪特割下他的头颅,趁夜返回伯图里亚。第二天,犹太人将霍洛芬斯血淋淋的首级悬挂在城墙之上,亚述人大惊失色,无法承受这血腥的失败,于是拔营退去。

(《新拉鲁斯图解词典》,
故事来源于《朱迪特传》[1])

---

[1] *Livre de Judith*,又译作《友弟德传》,或《犹迪传》,是天主教和东正教《圣经·旧约》的一部分。但是《友弟德传》由希腊文写出,没有希伯来文的原本,所以在基督教新教和犹太教《圣经》中没有收录这篇,算作次经。

IV 朱迪特

我想很难确切地描述我的死亡,因为,无论暴烈与否,我都仅仅参与了这事件的一部分。对于死亡,我所感受到的恐惧可能大多来自于如下的表现:一种悬置于危机中心的眩晕,我的消失彻底阻止我去了解我的终结。这种死亡非真实和荒诞是最根本的元素,无论吓人与否(暂且不谈那些我们所恐惧的身体的痛苦,它往往伴随死亡而来)。就像很多人所想的那样:"我死后哪管他洪水滔天!""如果死后是虚空,你为何要恐惧?""如果你已不在,它能奈你何?",等等,这些足以让人坦然地接受死亡。

以此来看,一些人早早定好遗嘱、修葺坟墓、安排葬礼的每个细节,就不足为怪。他们觉得人们会为他们哭泣,会为他们着素戴孝,或是诸如此类的东西,以此寄希望,在某种程度上,死后生命继续存在。如果有什么与此相抵触,那肯定是我们对消失的确信不疑,对葬礼的虚假,纯粹出于社交和习惯的心知肚明。对葬礼本质的明晰,特别是那些毫无品位,几乎是真正粗鲁的仪式,对抗着之前人们美好的想象。试想一下,有谁愿意与腐臭的尸体共处一室?

除此之外,死亡的发生又类似于某种痉挛。确切地说,在这个过程中,我们从未有过清晰的意识,因为死亡直接导致人所有机能的丧失,其特征就是瞬间退回到混沌。众所周知,像所有无法缓解的危机一样,性爱后的忧郁空虚带来一种内在的眩晕。性爱的冒险就如同死亡,在高潮顶点,伴随而来的是意识的丧失,至少在前者中是部分的丧失。如果我们幻想着以爱的方式逃避死亡,否认它、遗忘它,或许是因为我们隐约感到，爱是我们唯一能把握的方式，爱至少带给我们一点点经验。在性爱过程中，我们至少知道高潮之后发生了什么，我们至少可以成为这场连续不断灾祸的苦涩证人。爱同样也是一种巫术：它能驱散霉运，排除威胁我们的那些肮脏的事，故意将它们贬低得不值一提。一切就仿佛支付一张微不足道的账单；为了销债而牺牲部分利益；顾大局而弃枝节；乐得牛圈里堆积如山的粪便被烧得一干二净[1]。巫术般的举止被故意用来展现我们所恐惧的那些事物，目的是将我们从中释放出来，如同格里布耶的方式[2]。这样的巫术同样常见于自杀，无论从哪种角度着眼，自杀都展现给我们它独特的魅力，尽管以一种自相矛盾的方式。仿佛自杀是逃脱死亡的唯一办法，将自身坦率地祭献出去，从而真正实现自我。然而，自杀并不是舍本逐末，或是舍末逐本，它需要我们将自己毫无保留地投入进去，本末尽弃，不求赦免。

以上所有的思索都来自于我谈到朱迪特的时候。

一个让人倍感震惊的女英雄，因为她首先是个寡妇，之后又成了杀手，而她杀的男人刚刚还和她有过鱼水之欢。还是孩子时，在一本《圣徒故事》中我第一次读到朱迪特的故事，它让我激动不已。尽管，所有淫秽的细节早已被严格地删去。事实上，有关尸体的情节更让我着迷，这些圣徒许多

---

[1] 古希腊神话，赫拉克勒斯完成的十二项英雄业绩之一，他引来阿尔裴斯河和珀涅俄斯河的河水，将国王奥吉亚斯（Augeas）三十年未清理的牛圈打扫得干干净净。
[2] La politique de Gribouille，用来形容为了避雨而跳进水中的人。

都是因格斗致死,或是在自己母亲的面前被施以酷刑。但朱迪特不同,她用情人的宝剑亲手割下情人的头颅,用头巾将其包裹好,装进袋子带走。围绕着朱迪特,产生了一系列的图像,彻底地影响了我的生活。

在我最早的记忆里,家中有一张品位极差的版画,无疑我出生之前就有了。画中再现了非常有名的故事《恋爱中的狮子》一幕:在洞穴深处,一个赤裸的女人,长发挽在头顶,席地而坐,深情地倚靠在一头巨大的狮子身上,狮子一副昏头昏脑的表情。

这幅版画让我至今记忆犹新之处,并不是那女人冒着被撕碎的危险,也不是狮子的愚蠢,这么一个庞然大物竟然如此轻易地被欺骗,而是因为它让我发现了父亲如此恶劣的品位。

我听说我认识的一个人自杀了,就因为他对自己父亲难以原谅的愤恨,而愤恨的原因可以追溯到他童年时,某一天听到的父亲的屁声。我对父亲的敌意主要来自他粗鲁的外表、憨厚的俗气和他缺失的艺术品位。

父亲拥有悦耳的男高音,他时常哼唱儒勒·马斯奈[1]的浪漫曲,那愚蠢的性感让我怒不可遏。我根本想象不出他和妈妈之间会发生什么色情之事。

---

[1] Jules Massenet,法国作曲家。主要创作领域在歌剧,特别是喜剧歌剧。其代表作为《沉思曲》。

由于他认定证券职业很愚蠢（如今想来，这种对自己工作领域的蔑视，可以说是他性格中美好的一面），父亲希望自己两个大儿子可以投身艺术：大的做装饰艺术，小的当小提琴家。至于我，我被安排做个工程师……可怜的男人！完全失策：如今，两个哥哥全都子承父业，也就剩下我还勉强可以称作"艺术家"。

有时，为了装饰房间，他会买一些奇丑无比的雕塑。其中的三个极有特点，让我印象深刻。

前两个是两尊女性陶土胸像，"摩登风格"，像是海妖、仙女，也像女战神。另外一个是尊大铜像，驯蛇的女巫。她嘴中含着又细又长的小号，肩膀被蛇紧紧地缠绕，赤身裸体，除了头上裹着包巾。我还记得，父亲对一位恭维他这个收藏的朋友说："这雕塑之所以很美，是因为她既赤裸又纯真。"然而，正是因为这雕塑的淫荡，我很多次一边抚摸她的身体，一边手淫。

父亲是个和善可亲的慷慨之人。他醉心于对文艺的资助，只要在他的能力范围之内，他十分乐于招朋引伴。他是个声乐的狂热爱好者，经常在家里组织一些小的音乐晚会，欣赏一些他熟悉的艺术家的音乐。在这些人中，他特别地经常邀请一位有名的德国女歌唱家和她的丈夫来家里晚餐。这位丈夫是妈妈的一个日耳曼表兄，很有才华，且待人和善，热衷于美食，喜欢尝试各式各样的生活，然而不久他就死于十分痛苦的肛门癌。我和哥哥姐姐都把这个歌唱家当作亲舅妈看待（尽管她只是父母辈的表亲），我还为她取了个昵称

IV 朱迪特

"利兹舅妈"[1]。

尽管身形庞大,利兹舅妈单纯和善。她是个壮硕高大的快乐女人,拥有健康的身体和辉煌的声线。我仍能回想起浓妆艳抹的她,虽然不漂亮,却引人注目。她有一双美丽的手臂,丰乳肥臀,肌肤鲜嫩,乌发红唇,但不太善于化妆,眼圈总被涂得黢黑。

她的私生活,我几乎回忆不起什么。她经常来家里唱歌时,我还很小;等我长大一些,她在我印象中总是一副"剧场演员"的模样,也就是说,她呈现给我的只是她的存在方式,我眼中只见她的舞台生涯。我唯一还记得的就是,她刚守寡不久,就被她一个信任多年的女佣偷走了所有的首饰和许多其他的东西。战争期间,我只再见过她两次:一次,在家里,她带侄子来吃晚饭,这个男孩有一米九高,在比利时的空军服役;另一次,在玛德莱娜广场附近的一条街上,我远远地认出她,由一个巴尔干半岛的外交官陪着,那人显然是个"法国迷",戴着圆顶礼帽,衣衫贴身考究。

尽管如此,我几乎听过、(从照片中)见过她演的所有角色,从我童年认识她起,她演的角色就有一个共同点,那就是她们某种程度上都是朱迪特。

---

[1] Claire Friché,1879 生于布鲁塞尔,1900 年开始了她的歌唱家生涯,直到她的丈夫去世,她的戏经常在巴黎上演,是个出色但职业生涯短暂的歌唱家。

卡　门

美丽的卡门在被杀之前首先是个杀手。她先是给了雪茄工厂同伴一刀，然后又被她嘲笑的旧情人愚蠢地捅了一刀。她做了斗牛士的情人（"好好想想吧！想想打斗中一只黑眼睛盯着你，爱情等着你！"），斗牛士冒着被豁开肚皮的风险，将杀死的野兽奉献给她，就像献给一个嗜血的女神。利兹舅妈在饰演这一充满激情的角色时是如此出色，一个让人嫉妒的女人。卡门的故事就如同斗牛赛一样。比如，那一幕，双臂反剪在椅子上的卡门，用美人计诱使堂·何塞放了她。还有，倒数第二幕，山谷中那一场，卡门乖乖地洗算命的牌，就像一个面对士兵的姑娘，我记不起那些走私犯中是否有人带了火枪。她面带惊愕，看到"死亡，依旧是，永远是，死亡"，死亡自身如挥之不去的阴影，哪怕一点蛛丝马迹，她便察觉到它的临近。

格　鲁[1]

我见过利兹舅妈在一出糟糕的抒情剧中饰演玛丽天使，这出戏改编自里什潘的小说。剧情纯粹是一则社会新闻：罪

---

[1] La Glu，也可译作"黏人"，有沾上就甩不掉的意思。一出四幕五场的流行音乐剧，讲了一个毫无顾忌水性杨花的女人。剧本 Jean Richepin 和 Henri Cain，音乐 Gabriel Dupont，1910 年在尼斯歌剧院首演，Claire Friché 在戏中饰演玛丽天使一角色。

犯是个寡妇，她杀了城中一个勾引又舍弃她儿子的荡妇；而一个医生，荡妇的前夫，也饱受这女人之苦，到警局投案自首解救寡妇。

饰演这个角色，利兹舅妈把头发梳成布列塔尼农妇的样子（她那涂脂抹粉丰满的面庞与这个角色很不相称）。她最讨彩的一幕就是演唱那首有名的咏叹调《心之歌》，让我激动得难以自持。歌里讲，儿子被一个荡妇迷惑，这女人要他"取来他妈妈的心喂狗"；儿子杀了母亲，捧着流血的心一路跑来，一不小心跌倒在地；于是我们听到那心开口问："你没摔疼吧，我的孩子？"

在这样一出戏中，让我最为之震动的就是"好"妈妈与"坏"情人的对峙，就像是泛着海藻味道的汪洋之于多雨的城市，荡妇显得虚弱无力。第二幕，外号"格鲁"的荡妇为自己唱一首歌：一个无心娼妇的无聊生活，她看上去冷若冰霜，整天无所事事，贪得无厌，欲壑难平。玛丽天使砍向她脖颈的斧头砍得越深，在某种意义上她反而越像是朱迪特，尽管凶手是前者，她是受害者。

莎乐美

我手头有好几张利兹舅妈演出理查·施特劳斯歌剧《莎乐美》的照片。我记得自己被她的演出装束完全吓傻了。利兹舅妈壮硕的乳房被箍在两片精制的金属护胸里，她赤裸着肌肤，也可能穿着一件紧身的肉色内衣。我们仿佛可以闻到金属和肉体相互接触的味道。

这出戏，整个故事都发生在希律王[1]的露台之上，死海岸边，海水吞没了上帝降下的天火和硫黄摧毁的城市所多玛和蛾摩拉，这两座城充斥着上帝的愤怒。无论是王尔德的文字，还是施特劳斯的音乐，都给了我同样的感受，一个噩梦，一种让人焦虑的色情。一面是胆小的希律王，担心那些不祥的征兆（"啊！血让我脚下打滑！"），寻求色情享乐的庇护；另一面是，在双重乱伦的希律王的命令下，被盾牌碾碎的莎乐美（应她的要求，在希律王斩下施洗约翰的头颅供她把玩之后）。这些情节简直让人难以置信。我时常将自己设想成卑劣、残忍的希律王，醉倒蜷缩在莎乐美的脚下。

还是孩子的时候，我就在歌剧院看过两次施特劳斯的《莎乐美》。一次是意大利的歌唱家吉玛·贝里西奥尼[2]，她将莎乐美的病态演绎得十分逼真；一次是个名叫玛丽·G.[3]的苏格兰女高音，一个非常美丽的姑娘。许多次，都是这魅力无穷的苏格兰女人的演出剧照唤起我的回忆。照片中，她一身亮闪闪的紧身长裙，整个身体都被绷裹起来，阴部轮廓若隐若现，只露出一条长臂、一个肩膀，腋窝也完全赤裸地暴露出来。

---

[1] Hérode（前74—前4），罗马帝国在犹太行省耶路撒冷的总督，他娶了兄弟的妻子希罗底，又迷上了他的继女莎乐美。
[2] Gemma Bellincioni（1864—1950）。
[3] Mary Garden（1874—1967）。

Ⅳ 朱迪特

后来，我在乔治·毕泰夫[1]家看过一场王尔德版的《莎乐美》，毕泰夫自己饰演希律王，他的太太演莎乐美。时值我的一段恋爱将近终结，之后我还会细谈。女友陪我去看这出戏，而我已不再爱她，这让我感到一种难以自控的悲伤。同是这一时期，在这段恋爱中，我感受到自己爱意的削减，便一心想惩罚自己的薄情。我将自己赤裸地关在浴室中，用剪刀刮划身体，一种疯癫的、受虐狂似的行径。

我最近一次到歌剧院看《莎乐美》是 1934 年 12 月 17 日，这之前我已很久没有去过歌剧院了。一个英国女歌唱家扮演邪恶的莎乐美；一个瓦格纳式的男高音，身宽体胖，扮演希律王；饰演瘦骨嶙峋的施洗约翰的是个澳大利亚男中音，他一副大力士赫拉克勒斯的面容。然而，我却根本回忆不起施特劳斯的配乐，它理应是那种不断地震人心魄、激情澎湃的样子。英国人唱得很好，只是形象不佳。她穿得太多了，全身裹满了僵硬沉重的织物，再加上矫揉造作的举止看上去令人乏味。事实上七重纱舞的宽衣解带应该是一步步非常精巧地演绎，她的舞蹈却像是装腔作势的欺骗。由于歌剧的局限，演员们在舞台上显得微小可怜（他们被压缩在巨大的布景和沸腾的乐池之间，舞台上冷风呼啸，乐池里，我们能望见乐手微白的衬衣和指挥灰白的头发），让人根本搞不懂他们在说些什么。而戏中希律王的狂暴，在我看来，却刚好在恰当的层面上：这个故事里的君主是个着了魔的色情狂。在他眼中死神遍布，在女性面前他

---

[1] Georges Pitoëff（1884—1939），美裔的法国戏剧导演。

不由自主地抽搐。先知的预言让他惶恐不安,这预言就像是来自深井中的呐喊,远离空间和时间,远离子宫的黑暗。最终,当他看到世界运行无可避免地脱离他的方向时,他下令处死那个女人,就像是一个孩子碾碎不听自己指挥的玩具。

关于这出戏,还有很多可说的,特别是莎乐美,这个冷酷残忍的女孩,这个阉割者、刽子手(因为尽管她爱上先知,但还是割下了他的头颅,至于另一个男人[1],一开始便为她剖开肚腹)。她最终被乱伦的、受惊吓的希律王所处死。舞台的大幕从升起到落下,所有人都在暴风雨似的祭献中死去,前赴后继,在泛着腐臭市集的气味中,混杂着自动贩售机金属撞击的声响。

埃莱克特拉,大利拉和弗罗里亚·托斯卡

在《喜剧画报》或是《音乐月刊》中登过一幅利兹舅妈的照片。是《埃莱克特拉》(*Électre*)的剧照,霍夫曼施塔尔编剧,理查·施特劳斯作曲。她饰演的就是埃莱克特拉这一角色。与欧莱斯特一起,谋杀了他们的母亲,为父亲阿伽门农报仇。利兹舅妈跳着火舞,蓬头赤足,脸上泛着一种野性的狂喜,手中举着一支燃着的火炬。

对我来说,埃莱克特拉成为悲剧人物,这与我母亲给我的那本《拉辛戏剧集》密切相关。戏中的利兹舅妈有着结实

---

[1] 指纳拉博特(Narraboth),剧中的王宫侍卫长。

的大腿,热情四溢,笑声爽朗,她散开头发,活脱脱一个酒神的女祭司。她只是多一些更阴郁的东西,与那些头戴葡萄枝叶的乡间舞者相去甚远,就像我们这里一顿葡萄丰收季节的飨宴,到了黑人部落就成了一种纵酒狂欢的仪式。

我还记得,有一次听父亲演唱利兹舅妈的这个角色。由于唱得过于猛烈和用力,太想表现出那宏大的令人心碎的声音,他弄劈了嗓子。

还有不少次,我听他唱大利拉的咏叹调,就是圣-桑学院派的那出垃圾剧《参孙与大利拉》(*Samson et Dalila*)中的一首。大利拉同样是个杀手,虽然她只是割去了参孙的头发,但这使参孙失去了神力;又剜了他的双眼,使他成为奴隶,这一手法应等同于阉割。父亲也唱过《托斯卡》中的咏叹调,这出普契尼的垃圾戏改编自维克多连恩·萨都的剧本。剧中女歌手弗罗里亚·托斯卡(利兹舅妈扮演)给了警察局长斯卡皮亚一刀,而她的情人马里奥·卡伐拉多西在随后的行刑中被枪决。后一出戏的有趣之处在于,作为歌唱家的利兹舅妈,在剧中演的仍然是个歌手。

幽灵船[1]

这里森塔并非杀人凶手,她是瓦格纳笔下的一个悲剧人物,爱慕着那个漂泊的荷兰人,为了解除爱人身上永恒漂泊

---

[1] 指瓦格纳的歌剧《漂泊的荷兰人》。

的诅咒,她纵身蹈海。

利兹舅妈饰演这个欣然赴死的角色很是失败。我想是因为这样温婉的角色并不适合她。然而,漂泊的荷兰人的打扮却是如此威严,他被罚永远漂流在海上,这是怎样一种宏大的阴郁!

这个荷兰人,面容消瘦,络腮胡须,仿佛又一个施洗约翰,头戴一顶海员油布雨帽,身披一件幽灵似的长袍,脚上套着一双海盗常穿的高筒靴。他被诅咒永远活着,身后跟着一群面色青绿的幽灵水手。他就是那个引人致幻的、让女孩献身施救的人物。

我几乎相信这个虚幻的形象就是我浪漫想象中的存在,似乎爱情可以拯救一切,他是那样的伟岸,我幻想着自己可以成为他。这形象同时也是施在我身上的神奇诱惑之体现,四处飘荡、居无定所,直到我自己也完成了一次漫长而遥远的旅行,准确地说,那并非是在海上的漂流,而是无法驻留在空间中一个特别点上的陆路行进,而且我们在物质上和心理上做了充分的准备。

就在两年之前,我穿越非洲时,经常会梦到这个被诅咒的、瘦骨嶙峋的人。并非是因为周遭的环境激发神话般的想象,而是我觉得自己就是那个漂泊的荷兰人。

纳尔基斯

我印象中利兹舅妈演过的最平淡无奇的角色,就是

《流浪汉》(*Le Chemineau*)中朴实的农妇图瓦内特了。夏维·勒鲁(Xavier Leroux)作曲(他留着吉卜赛式的大胡子,好像我小学的阿尔萨斯校长),"诗人"让·里什潘编剧,这出戏简直是一无是处。与这出戏同时,或是出于偶然,我还看过有利兹舅妈演出的另外一出名为《仇杀》(*La Vendetta*)的音乐剧(情节我忘得一干二净,不过这标题却是程式化标题音乐的一种)。

《仇杀》幕间被插入了一段芭蕾舞——《纳尔基斯》[1],因有违当时社会的道德风俗,这段舞蹈迅速成为一桩丑闻。它以"俄国芭蕾"的形式再现纳尔基斯(Narcisse)的神话,而故事的底本则来自让·洛兰。我们看到一大群男人几乎赤裸地行进,各自显示着发达的胸肌。埃及王子纳尔基斯,漂亮的男孩,浑身扑满金粉,只在胯下系一块遮羞布。我还记得另有个男人,装束和王子一样,只是全身被涂成绿色。还有个北非女人赤裸着上身,我饶有兴致地盯着她的乳头和肚脐,在这之前我从未如此观看过一个女人,即使有,也不过浮光掠影,偷偷摸摸。

我一直非常遗憾,戏上演时有一场被取消了(我甚为困扰,这种删减令我浮想联翩,此中定有什么难以理解、捉摸不定的东西),事实上节目单里它还在,也就是最后一场。

---

[1] *Narkiss*,带唱段的四幕东方芭蕾舞剧,由让·努盖斯(Jean Nouguès)作曲。该剧改编自作家让·洛兰(Jean Lorrain)的短篇小说,1914年首次在巴黎上演。

我们本该看到那个金皮肤的王子——纳尔基斯被赤裸上身的女舞者（仿佛一个淫荡的巫师，似人非人、似妖非妖）引向恶臭的池塘。被自己的倒影吸引，他沉溺于此，走向水中，水没过肩头，唯剩头颅露在水面。那女舞者将他的头颅割下，像带走一朵鲜花一样，擎着离去。

想着这一幕，我惊惧不已，而这其中种种诱惑又促使我去苦忍这折磨，因为这想法本身就散发着撩人的魅力。除此之外，散场时，我注意到大厅人群中的两个人，穿着宽大的衣服，如同两个田径运动员，他们边走边谈论演纳尔基斯的演员，"他长得很美，但不够有型"。如今想来，那样的举止动作，无非是两个同性恋者。在当时，我根本不晓得何为同性恋，只将他们认作崇尚"唯美主义"之人。但之后很长一段时间，我总觉得这其中有什么令人难以启齿的"下流"含义，这时我意识到还存在着另外一个世界，一个被禁止的领域，充满禁忌、"色情"，对我来说，这就是这幕戏被删剪的神秘原因。

我同样深深地被存在着无性之人的想法所震惊，总之，被"去势"之人（仿佛成了我自己）就好像芭蕾舞剧中的那些中性人物。利兹舅妈温柔又有点震慑人的形象与此相连，这让我相信，面对爱情就像面对某种威胁、某种命定之事。我们甚至要冒着失去生命的危险，仿佛在一顿过于欢愉的晚宴之后身首异处的霍洛芬斯。

回想、对照那些利兹舅妈所演过的角色，我带着些许愉悦承认，这个善良、美丽的女人，她的面貌是如此温和，性格是如此优雅而有教养,同时,在我这个小男孩的眼中,她也是个吞吃男人的妖精。

我认识利兹舅妈远在那个与舅舅姘居的吞剑姑娘之前,我很遗憾,她没和练杂技的舅舅结合。

V 霍洛芬斯的头颅

于是，我们被某种魔力吸引到宫殿的入口，一处柱廊。我们相信这魔力定来自这美丽的所在。然而，刚刚踏上那看似坚固的大理石路面，它便在我们脚下裂开、下沉。没有任何准备，我们纷纷坠入下面旋转的绞轮，只一眨眼就被轮上的利刃削斩成肉块。让人惊奇的是，死亡并没有随着身体的肢解而降临。

受自身重力的牵引，身体各部分紧跟着落入一个深坑，那里无数的肢体杂陈交错在一处。我们的头颅像球一样四下滚动。比起超自然的冒险带给我的眩晕，这种非同寻常的运动并未让我太过丧失理智。当运动停止，我定定神，睁开双眼，发现自己的头颅与另外八百个头颅并排在石阶上，面面相觑。这其中有男有女，有长有幼，皮肤颜色各异。头颅各自的眼睛和舌头都保持着活力，特别是灵活的下颚，仿佛每个人都哈欠连天。

V 霍洛芬斯的头颅

（奈瓦尔在《光明异端派》中引用的卡左特之诗[1]）

我生命最初的记忆与如下的场景相连。七八岁时，我在一所男女混合的学校，同桌是个穿灰色天鹅绒长裙的小姑娘，一头长长的金色卷发。她和我，我们一起学习一篇课文，黑色的大木桌上摊开的是《圣徒故事》。我还清晰地记得当时所看的图画，亚伯拉罕的牺牲：跪倒在地的孩子被反剪着双手，喉咙紧绷；老族长挥起手臂，手中一把尖刀；他抬眼望天，一脸严肃，乞求那残酷上帝的许诺，将他的孩子献为燔祭。

虽然童书中的这幅装饰插图相当拙劣，但它却留给我难以磨灭的印象，并且我的许多记忆都围绕它生成。先说说几个在历史和神话课本中读到的传奇：比如，被秃鹫啄食肝脏的普罗米修斯；比如，将偷来的狐狸藏在长袍里的斯巴达男孩，尽管那野兽疯狂啃咬他的胸膛，他也一言不发，宁愿忍受万死之苦，也不愿暴露偷窃的行径。还有我记忆中最初的梦境：一次，我置身一片树林，林中空地杂草丛生，其间点缀着一些雏菊和虞美人。突然，一只狐狸蹿出草丛，张着大嘴向我扑来，啃咬我。只见它耳朵尖尖，双眼闪亮，一条粉红色湿乎乎的舌头在雪白的牙齿间。另一次，我被一匹拉车的马吞吃；记忆中更糟糕的是，带藤椅的老车漆成黑黄两

---

[1] 卡左特诗体故事集《奥利维》（Jacques Cazotte, *L'Ollivier*）中的文字，被奈瓦尔引用在《光明异端派》（Gérard de Nerval, *Les Illuminés*）中。

色,被雨水打湿,脏兮兮的车夫头戴着一顶白色皮质高帽。再有就是那本《圣徒故事》中的另外几幅插图:红海吞噬法老的军队;叙利亚国王安条克向马加比人施加的酷刑;因刺杀大象被踩踏致死的犹太马加比兄弟;摩西和燃烧的荆棘。

这些不同的回忆之于我都与某种威胁相关联:比如,一天哥哥唬我用开瓶器给我切除阑尾;比如,班上和我吵架的同学声称要让他哥哥用斧子劈开我的头。这些回忆同样与一次事故留给我的不快感觉相连,一个与我一般大的男孩,手腕被深深地割破,缠着厚厚的绷带。而在我眼中,绷带之下,手腕鲜血淋漓,几乎完全断开,手与小臂一分为二。各种事件的记忆,仿佛声波的涟漪在我心中泛开扩散。比如一天晚上我和父母到位于混乱街区的舅舅家做客,出来时听到的喧哗争吵;或是一个妇人被地铁碾压时发出的可怕尖叫,那是最阴森恐怖的一站,地铁爬出地面,将一条条大街串联起来。

我的生命完全被童年的恐怖记忆所控制,它让我觉得自己就是那些被迷信的恐怖所绑架,被昏暗、残酷的神秘所左右的人。人之于人就是狼,动物无善恶分别,它们存在只是吃你,或者被吃。这种看待事物的惶恐方式,很可能多多少少来自我关于受伤之人的记忆。

割 喉

五六岁时,我遭受过一次严重的伤害。我的意思是我经历了一次咽喉手术,摘除扁桃体。手术在我未被麻醉,毫不知情的情况下突然实施。父母先是犯了大错,并未向我说明,就把我带到外科医生那里。如果没记错,我以为我们是去看马戏,根本不知道是去外科大夫和做他助手的老家庭医生那儿,不知道是怎样的灾难在等着我。随着情节一点点地展开,直到最终猛然一下,让我感到自己被引诱进一个恶毒的陷阱。老医生让我父母在大厅等候,将我带到另一个房间,外科大夫留着黑色的大胡子,一身白大褂(仿佛一个吃人的妖怪,印记在我的脑海中)。看到那些切割用的器具,我已被吓得不轻。老医生把我抱坐在他的大腿上,安慰我说:"来,我的小椰子,我们来玩过家家。"之后,我便记不得什么了,除了外科大夫将什么东西伸进我的喉咙,我感到一阵剧痛,发出杀猪般的狂喊。妈妈听到喊声,吓得惊慌失措。

在马车上,我一言不发。惊吓是如此严重,以至于24小时我没对家人说一句话。妈妈完全慌乱不支,怀疑我成了哑巴。手术之后,我唯一还记得的就是在车上以及回到家中,父母如何费尽心机地让我开口说话。在客厅壁炉前,妈妈把我抱在怀里,喂我吃冰激凌。那草莓红色就好像手术中我几次大口吐出的鲜血。

这是我最难受的童年回忆。不仅仅因为我不明白为什么会受到如此折磨,而且还由于我意识到这是个骗局、陷阱,它来自成年人卑劣的奸诈。表面温柔和气,只为了给我最野蛮的伤害。我所展现的生命全都烙上了如此的印记:充满欺骗的世界无非是个大监狱，或是个外科手术室。我来到这世上，终将成为医生手下、炮灰当中、棺材之内的一堆死肉。就像去马戏团、玩过家家的许诺，所有我满怀欢欣期待的不过是些诱饵。为了确保我进入屠宰场而诱骗我吞下药丸，我迟早会被带到那里。

发炎的性器

几个月（或是几年）之后，我染上另一种病，龟头炎。《利特雷医学词典》里解释说：这是"一种龟头黏膜分泌物感染"。通常我们会用高锰酸钾溶液浸浴来治疗它。我清楚地记得，自己饶有兴致地观看溶液，那紫色会随着药液浓度的不同，而产生激烈的变化。我有一种被轻微烹煮的感觉，也说不上是好是坏，但看到自己一处器官肿胀起来，还真的吓了一跳。我那时有点阴茎包皮过长，家人还在考虑是不是要给我做环割手术，后来发现没这个必要，但很长一段时间，每当我将自己的器官与其他的男孩比较，这都成为我巨大羞耻的来源。

我很难分清最初的阴茎勃起和这种病态的肿胀，只记得此后很久，勃起让我紧张不已，总以为是旧病复发。尽管我的病带给我一些快感，这种快感是由它导致的过度敏感引起的；但我也知道，我被施与治疗的病既不光彩也不正常。

最初的性意识被如此标记在灾祸之下，我后来很长时间对于性爱的恐惧，对于性病的恐惧，都源于这场病。很长时间，我都认为失去童贞必定引发随之而来的疼痛，和女孩一样会鲜血四溢。鉴于我的情况，这只可能比别人更糟。此外，借口为了使我免遭所有青少年都要面对的危险，哥哥有一天警告我说，有个十二三岁的男孩，用他"可怜的家伙"睡过之后，成了残疾，这便是对他早恋的惩罚。并不需要太多其他的例子，当时我已然觉得，如果性交发生得太早，它不但是有罪的，而且是极为危险的行为。

伤脚，被咬的屁股和开花的脑袋

我想特别提一下，巴黎郊区的某个地方，那里曾发生过我童年最戏剧化的事件，它们与两三次受伤的回忆联系在一起。

我还很小时便经常受鼓动投入英雄主义和拿破仑式的幻象当中。家人带我去参观凡尔赛宫，除了《俘获阿拜德·艾尔-卡德尔》[1]这幅画外，另一幅十分有名的《拿破仑受伤在雷根斯堡》[2]也让我震惊不已。那时，我经常在游戏中重现这一场景：戴着纸做的两角帽，骑在一只装滚轮的长毛木羊上，我觉得它更像头驴，叫它"花花公子"。我光着一只脚，斜腿支在地上（就像画中所见，倚着战马的拿破仑），

---

[1] *Prise de la smalah d'Abd-el-Kader*，画家贺拉斯·贝内特（Horace Vernet）的一幅画，记录了法国 1843 年征服阿尔及利亚战争的胜利。

[2] *Napoléon blessé à Ratisbonne*，画家戈特洛（Pierre Gautherot）的一张画。

装着忍受剧痛,鼓着嘴唇,嘴角又带着轻蔑,静静地等人包扎我的伤口。我通常在花园的石子小径上演这出戏,小径在草坪中穿过,赤裸的脚踩在尘土和砾石中,我体会到一种神秘莫测、动人心弦的感觉。就像我看到那些赤脚爬树的孩子,在类似的地方,同样的年纪。

当我穿上哥哥传给我的斗牛服时(哥哥之前常穿它去假面舞会),也会露出嘴角轻蔑的表情。妈妈把这说成是"噘嘴",我则觉得是男子气概。我炫耀着,将斗篷不经意地搭在肩上,手拿一把螺钿手柄的宝剑;我一板一眼地演出斗牛士的角色,用斗篷将自己包裹起来。

一天,住在我家旁边的一位表兄被狗咬了。想起那些细节就叫我不寒而栗,他的伤口非常之深,"屁股上掉下的肉还在衬裤里"。每当我想起他(表兄后来在"大战"中战死),这情景就会在我脑海里回荡。一个身强体壮的男孩,理想般地健美,他父母把他养成这样颇感荣耀,家里所有的亲戚都很喜欢这个圆软绵柔的小胖,除了妈妈说他像坨"肉酱",她觉得自己的孩子长得更为"精细"。

我们租住的度假房没有上下水,所以每天我们都要服徭役般,带着水桶、水罐和其他装水的容器去水泵处打水。一天,我和姐姐、女佣打水回来,碰上了一桩事故。一个肉店的小伙子骑自行车从小山坡上猛冲下来,车子失控,飞撞在铁路桥拱上,又反弹回来,脑袋开了花,双臂平摊(上十字架?),变了形的车子就落在他身边。姐姐毫不犹豫地跑向伤者，用我们打的水给他清洗伤口，照顾他，直到他苏醒过来。之后，女佣谈到姐姐的表现，带着崇敬的表情说："她简直是个圣女。"

这一幕深深印在我脑海里：突如其来的事故，自行车飞上桥，又弹落回地面。男孩一动不动，穿着蓝白相间的屠夫着装，一头鲜血。姐姐轻柔地俯身为他清理伤口。就像女佣说的，我眼中姐姐也是个"圣人"，她所做之事与她的年龄并不相符，既善良又勇敢，她似乎一下子就从年轻女孩变成了成熟女人。

噩 梦

当我的年龄还不足以去歌剧院时，家人常带我去上午举办的小型"艺术家联谊会"，父亲是他们的成员，替他们掌管财务。联谊会在市府大厅举行，隆重一点的话，就在前身是"通俗剧场"的夏乐宫（Palais du Trocadéro）节日大厅举行。一望无边的厅堂，冷冰冰布满灰尘，有点阴森可怕。讲坛深处的管风琴如同野生的钟乳石，从声学的角度看，这儿算是巴黎音响效果最差的地方。老朽的黄杨圣枝的味道充满四周，就像豪华拱廊卖大衣垫肩和翻领的市政旧货店中的味道。而整个联谊会搞得就像是农民互助会操办的赈济慈善游艺会演。这个地方，我后来又来过几次。十二三岁的我在这儿领过奖（让父母和我兴奋的是，《时代晚报》上刊登了获奖名单）。再有就是很久之后：伊莎多拉·邓肯的舞会（我自以为发现了无与伦比的杰出之人）；卓别林第一次到访巴黎……但不管是艺术家联谊会、让松·德赛里奖颁奖礼、学院派舞蹈，还是光彩四溢的西西莉·索瑞尔身边一身肃穆黑衣的夏尔洛，这大厅总让我后背发凉，它的气场既昏暗又官方，类似太平间、婚礼大厅、或是动产积压的拍卖场。我最后一次见它，是拆除时的景象。巨大的空间布满瓦砾、掀翻的地板和仅剩骨架的座椅，仿佛革命或地震之后的议会。远远看去它又像一具年代久远搁浅的鲸鱼骨架、一艘巨轮，或一个海怪。当内部全都掏空，拱顶自己塌陷下来，这里又变成一处罗马废墟，一处墙上开着摩尔人花窗的马戏场，名誉女神（la Renommée）的雕像如被刺中的野兽躺倒在角落里，高处被撕碎的帷幔随风飘荡。然而，只有当夏乐宫剧场被装点成摇摇欲坠的斗兽场时，它才显出真正的优美。

　　至于艺术家联谊会的节目倒与这大厅的丧葬气氛契合。其中有两个节目给我留下恐怖的记忆。

　　首先是"法国救援队"的表演，他们隶属于街区事故救援协会。这个组织由一群卓越之士组成，其中的一个多少有点波兰血统的乡下绅士又统领着艺术家联谊会，他将这两个组织结合在一起。救助残障人士的表演按照这样的模式进行：一个头戴礼帽、手拿拐杖的人一瘸一拐地走上舞台，来到讲坛中心，突然昏倒在地；带着蓝红袖章的（巴黎市府的专用色）便装救护者跑上来，只一转眼，他们便把伤者抬下了舞台。他们救助的形式多种多样，或是直接用手抬，或是用竹杖改装成担架，甚至将两辆自行车连成担架车。

V 霍洛芬斯的头颅

  根据我的经验，仪式每次都如法炮制。只要那个人一出现在讲坛，我就算到他将跌倒，而这跌倒前的等待总让我焦虑不堪。我不知道冲击我的这种不适感，与之后类似感觉所留下的印迹，它们是否都连接着一个共同古老的根源。比如我看到那些冒着失足坠落危险赤脚爬树的穷孩子，内心中的紧张不安。然而，面对这灾难的庸常表现，通常来自社会新闻记录，我的反应永远混杂着恐惧和怜悯。大街上发生的事件总让我惊恐不安，特别是那些大夏天的事故或争吵。因为艳阳高照，人们汗流浃背，女人都穿着薄薄的裙子，袒胸赤膊。还有节日、假期、周末（当人群游行归来）。总之，报上经常将这类事故命名为《血腥的圣诞》《国庆惨烈收尾》《浴场悲剧》，甜蜜总是转变为辛酸（就像孩子乐极生悲，或经历过分乐观的阶段必然会以径直跌入噩运收场）。所有这些，通常会带来难以预料的"晴空霹雳"，欢宴尾声鬼魂搅扰，安宁中孕育着不幸，喜气洋洋的氛围中战争忽然爆发，警察突然冲入平静的人群。

  所以，我走在街上从不混入这样的人群。光天化日之下，血淋淋之人瘫倒在地，光想想这景象，我便恐惧不安。

  就在此刻动笔之时，我想起一件最近见到的晦气之事。我乘轻轨经过附近一家医院，一个工人由两个工友搀扶，从一处工地走来，显然刚刚发生了事故，他受伤的脚赤裸着，脏兮兮，在阳光中暗黑的血水从脚上渗将出来。我想象着当他回到家，邻居的反应，孩子吓得一言不发，妻子哭天抢地，一天开始时还好好的，却忽然遭此不测。生活不就是这样吗！也许某一天我得了癌症，或是因伤致残，妻子不也会用同样忧伤的眼神看我？那时做什么也是白费，我仪态尽失，垂头丧气，更不用说那些在疾病和死亡之上的千般痛苦、百般折磨。卧在床上，大小便失禁，臭气熏天，精疲力竭。

如果天气太好，我便开始紧张。好天不像是个好兆头，是否预示什么灾祸之事？每当遇到什么快事，我便推算着十有八九，不久的将来，就要为此付出代价，甚至成倍返还。因为所谓的运气不过是个放高利贷的家伙。

在这些救护表演中，还有另外一个节目，同样叫人难以忍受。一个身宽体胖的中年女子朗诵诗句，如果我没记错，她穿着古代的袍子，我觉得她戴着一顶弗里吉亚式的无边便帽，如同共和广场的雕塑。她朗诵的诗中，有一首名叫《噩梦》，是我唯一记住的：

> 夜，当所有人入睡，
> 噩梦便潜进来！

之后便是对噩梦所附着的可怕之物的描述，这些创造物蜷缩在角落，仿佛那些丑陋的残废之人。

可怖之事被一种极深沉的声音讲述出来，这女人的姿态和她长裙坚硬的褶皱让人肃然起敬。对我来说，她便是噩梦的化身。这噩梦我是如此的恐惧，在父亲若隐若现的呼噜声中我辨认出它，夜里偶尔我会听到这种沙哑的杂音，阴森森仿佛来自坟墓，如今我又将它和父亲临终前的喘息混淆在一起。

女人低沉的嗓音像极了这呼噜声，我听着它，而且确定我睡去时仍会听到，我竭尽全力不去想象那死亡的幻景。即使死亡的幻景不钻入梦境，搅扰我的睡眠，在昏昏入睡之前，我同样会被焦虑不安俘获，蜷缩在床上，被冷汗浸湿。

哥哥敌人

大哥，画儿画得好，是装饰艺术学校的学生。在我和另一个哥哥眼中，他整天混迹于拉丁区，与波西米亚人为伍，在露天咖啡座消耗大把时光。他有机会看裸体女人并和她们搭讪，因为他们的画室总有模特来来往往。另外，就是他告诉我们什么是"妓院"。

那会儿，我总是和小哥哥联合起来跟他对着干。这不仅仅是因为年龄的差异，也和性格与品位相关。比如，我们坚信爱情的神秘，爱是专一排他的，它是生命的本质和目的；对"花花公子"式的滥情我们不屑一顾。这种观念与我们所接受的教育息息相关，比如，我记得父母就常常将亨利·巴岱剧场（Théâtre d'Henri Bataille）说成是有伤风化之所，无论如何"也不是年轻女孩的去处"。据此我们将女孩们大致分作两类：一种同父母去亨利·巴岱剧场看戏的，也就是所谓的"摩登"（完全贬义的修饰）少女，另一种就是不去那里看戏的女孩。

事实上，我们并未把大哥完全归入"花花公子"一类，因为这个可怜的男孩，举止庸常、出手拮据、衣着平平，完全不是那一类闪烁耀眼的人。他顶多算是放荡不羁，艺术家这一职业让他有机会与模特交往。他是典型的多血质，这让他贪吃、爱捉弄人、喜怒无常。除了曾威胁要用红酒瓶起子给我切除阑尾之外（他自己倒是饱受这一手术的折磨，虽然是在医院），还有一次他竟然威胁让我"吃扣子汤"。那时，我家常吃一种加入异形通心粉的浓汤，通心粉有的像星星，有的则是字母。想着釉亮的扣子取代通心粉搅混在汤里，我就止不住恶心得想吐。直到今天我看到衬衫和裤子上的纽扣，都还会联想到它们在嘴中的感觉，让我心有余悸。那之后不久，我又被他戏弄过一次。单独在一起的时候，他用一种湿乎乎的嗓音为我朗诵极悲伤的诗句，他死死地盯着我的眼睛，直到我泪流满面向他求饶。还有，当我告诉大哥我手淫的经历时（我把这当作秘密，只对他和小哥哥说了，天真地想传授一下自己的经验），他却对我说要把此事告知父亲。我怀疑他是否真的这么做了，但当晚自己复杂的心情仍清晰地记得。父亲从交易所回来，戴着他钟爱的平顶高帮礼帽，仿佛整晚都在用审慎的眼光观察我，从我脸上寻找告密者所说的污点。

至于大哥的易怒，我还记得，我们很小的时候，一次他指责小哥哥玩牌作弊，竟然用沉甸甸的金属枝形烛台砸向小哥哥的头，其中一枝落地时摔弯了，这烛台至今还在妈妈房间的壁炉上。另一次，不知是什么原因，他与父亲扭打在一处,在客厅的地毯上滚来滚去。当时正在吃晚餐,他们中一个手里挥舞着酒瓶,妈妈在一旁吓得目瞪口呆。父母对哥哥如此易怒忧心忡忡,总担心有一天悲剧发生:冲突、受伤,乃至谋杀。哥哥的血光之灾看来在所难免,比如,服兵役时打长官的耳光,而这长官就是训练他的军事顾问。最终,父母的忧虑被证明是多此一举,我哥哥如今是个举止得当的有产者,一大堆孩子的父亲。

对这个哥哥我一直怀着暗暗的厌恶,当初是因为他的强势,如今想来也许是因为他的粗鲁。虽然他并非毫无感受力,像父亲一样,他也有些文学和艺术上的品位(比如,我最早就是在他的书中读到波德莱尔和魏尔兰的);虽然他并非完全泯灭人性(比如,他拒绝在"一战"中服兵役,但却加入志愿者队伍救助伤员)。但对我来说,他是个典型的粗俗之辈。他的庸俗在于他胆小怕事、懒散恶劳,多愁善感却毫无激情,信奉神圣却缺少神秘,因循守旧缺乏热忱。在我眼中,他就是个庸庸碌碌的半打孩子的父亲。我实在受不了他叼着烟斗的肥脸,浓密的大胡子,给人一种安全的假象。

如今想来,我和小哥哥之所以把他归在"花花公子"一类,原因十分简单:他比我们都大,很早便去过妓院,在我俩都还是孩子时,他已经有了性的启蒙。我们对他的敌意便建立在此之上,这无疑也意味着一种对强力特权的反抗。

当我们之间既无矛盾也无冲突时,他不止一次带我们出游。我记得,一次我们于一处英国海滩消夏,在沙滩上漫步,为了抄近路跨过港湾,我们险些陷入流沙。有一次复活节假期，我们从最陡峭的、布满植被的一面爬圣米歇尔山（Mont-Saint-Michel）。在"大战"到来前夜的比亚里茨[1]，我们爬上一块巨大的被海浪围绕的岩石，头晕眼花趴在高耸的石脊上（我本想中途退出，哥哥面露嘲讽地对我说，想退出就自己回，相比之下我宁愿继续）。也是在比亚里茨附近，在花了足足一个小时爬上一座树木丛生、沟壑纵横的小山后，我们决定以疯狂的速度冲下山坡。回到那处英国海滩，一个人满为患的周日，人群如潮水一样，坐着马车、火车从四面八方涌来，夜晚，人们醉醺醺地挤满舞场，偶尔可以看到成群易妆的男女。因为一点小争吵（涉及酒店里一个他爱慕的女服务生），我被哥哥推倒在一片铁丝网上，腿肚子被剐得皮开肉绽。之后，我们在路上遇见一个戴贝雷帽的清新姑娘，被她瞥了一眼，我羞愧不已，满脸通红，我甚至觉得这红色一直蔓延到脚趾尖。

我还能记起发生在大哥身上的两起事故。第一起，我还很小，不敢确定记忆的真实性，也许我只是将别人的讲述重新组合。另一起是在我 12 岁左右。

一天晚上，姐姐看着我们入睡。哥哥站在床上，将床垫当作跳板，疯狂地上蹿下跳，戏谑模仿一种舞蹈。恰巧姐姐这时端来夜壶，哥哥猛地一蹦，失去了平衡，其他人东倒西歪，哥哥则直接撞向了夜壶，与壶同时落地，壶被摔得粉

---

[1] Biarritz，位于比利牛斯山和粗犷的海岸之间，是法国大西洋沿岸的度假胜地。

碎。他爬起来，一头尿液。姐姐在昏暗中摸着他湿乎乎的头，以为是他碰得头破血流。哥哥像姐姐一样吓得目瞪口呆，但并没有马上说穿姐姐的疑惑。也许，哥哥觉得这又是个捉弄人的好机会；也许，这一撞太过猛烈，他晕头转向来不及反应。

第二次事故发生时，哥哥已经是装饰艺术学校的学生。一天，他神态恍惚地从学校回来，一手缠着绷带，面带红光、喜形于色。仿佛中邪了一样，围着餐桌打转，嘴中难掩兴奋，不停地唱道：

> 它们在葡萄架下，那些小麻雀！
> 它们在葡萄架下！

妈妈问他怎么了。他折腾了好一会儿，才决定停下来坦白，说出了事情的大概。他画室中的一个同学，与我们住在同一个街区，上过同一所学校或是同一处体育馆，在妈妈眼中他的举止与众不同，近乎疯癫，而哥哥也说过，这男孩曾试图"强暴"另一个同学（因为当时我并不知晓鸡奸，所以想不通是如何实施的）。就是这个同学在画室耍飞刀，用一个简捷的动作将手中的刀子戳进木桌。这原本是个没啥危险的举动，可偏不凑巧，哥哥的手刚好甩过刀子飞经的路线，被戳了个正着。拿几乎穿掌的刀伤当借口，哥哥把一整瓶朗姆酒当作补养液，仰头灌下，登时天旋地转。为他包扎的药剂师说，伤势并不严重，只是他运气很好，如果稍偏一点，这只手就废了。

哥哥朋友

如果我愿意，我可以一直讲下去，布满我童年鲜血淋漓的故事。有时受伤的是我，有时则是我的两个哥哥。我们疯跑着摔倒，尖尖的麦秸秆像刀子一样刺入膝盖；眼睛被迎面而来的木塞击中，肿胀起来；用小折刀削铅笔，手指被深深地割破；用山金车精油涂抹高高肿胀的额头，或者用两苏的硬币来冷敷。对各种各样由于淘气引发的小事故，长辈们通常会说："这是上帝对你的惩罚！"

事实上我很少惹是生非，更不好斗，一般来说，我胆小、阴郁、爱哭。因此根本无需警告，诸如："别摸街上的狗！""不要玩火！""过马路要仔细看车！"我心中早就万分紧张，对被狗咬、火烧、车碾怕得要死。如今我仍不太好动，唯一喜欢的运动就是散步（或是乡间远足，或是在巴黎昏暗的街巷漫步，将自己隐藏起来）。我讲的这些逸事，之于我并非多么难以忘怀，或是有什么特别之处，将它们罗列在此，纯粹是因为一想到伤口，它们就浮现在脑海。我常常将自己想象成伤者（如果受伤的并不是我），或者因为某种特殊的关系（憎恶或喜爱，积极或消极），伤者让我感同身受。下面要讲的三个事故显得略为重要，因为它们清晰地展现了我对此类事件的反应。前两次涉及我与小哥哥。后一次则只发生在我身上，我情愿将整个过程看作一次手术，在我四五岁的脑海中留下了不可磨灭的印迹。这些事故我都卷入其中，面对后者我展示出某种勇气，而前两次我的反应则截然相反，以至于只记得自己可怜巴巴，瘫作一团的情形。

我想说我和小哥哥的关系十分融洽。从性情上讲，我们不只在一点上相似（固有的忧郁、对神秘主义的向往、对生活的悲观等），很多方面我们的看法都很一致。我惊异于我们之间会如此的融洽，因为之后我们选择的人生道路截然不同。也许，归根结底那只是表面上融洽？我们有着一致的清教徒式的道德观，我们热衷于编造故事成为我们共同的神话，有的真的来源于身边，有的纯粹是浪漫式的虚构。每天晚上我们都把自己关在小房间里，依照年纪，哥哥坐在受封的席位，我则坐在他对面，一个不起眼的罐子上。我们轮换着讲一些长长的故事，就像是那种没有终结的肥皂剧，穿插着拟人化的动物。这样一天接着一天，每个人顺着轮到自己的角色讲下去。

在哥哥讲的那些"真实"的故事中，其中一个，他表现得就像个传奇。我深信不疑，故事中戴着光环的英雄接近于神话。有一段时间，我们热衷于体育运动，特别是赛马，离我家不远就是奥特耶跑马场。哥哥给我讲了他如何赢得巡回赛巴黎站大奖的经过。他为我详细地描述了一幅赛场的画卷：启程（在巴黎赛尔附近，我们经常去那玩耍）；观众簇拥成两列，摩肩接踵到来；其他运动员与哥哥年龄相仿；哥哥一出发便一马当先；所有的对手都被他甩在身后；整个赛程，他驾驭的技术无可挑剔；但快要赢得比赛时，他不幸跌落,膝盖挫伤,鲜血淋漓;他英勇地强忍着伤痛,翻身而起;竭尽所能去追赶他的对手;他开始了一场近乎无望的可怕抗争,然而,眼见他超过一个又一个眼前的对手,直至最终的胜利;观众被他的英勇行为所震惊,在难以计数的人群的欢呼声中,他几乎因疲惫瘫倒在地。

这个故事哥哥经常讲,版本没有大差别,我信之凿凿。在我看来,哥哥所表现出的超人般的伟力就如同那些惊天事件中的历史人物一样,比如查理曼大帝、骑士巴雅尔、特兰元帅,或是拿破仑。何况这种体育竞技上取得成绩的勇气,更是我崇敬的。比赛中哥哥展现出惊人的耐力;他像个斯多葛主义者那样,并不在乎身体的伤痛,不顾疲惫,力争到底的劲头;他战胜考验,不屈服身体局限的意志,这些让他看上去就像火灾中不救出所有人誓不罢休的英雄。

我确认在对哥哥的这种崇拜中,一些元素结晶成有关勇气的概念,我至今深信不疑。在这个故事中,哥哥的行为真切可感,就像个斯多葛主义者。这种勇气毫无侵略性,甚至是被动的,它既不包含暴烈的行动,也不包含无畏的英勇。它是我们面对危难时的冷静,或者更进一步,是我们面对痛苦折磨时的坚韧。

在紧接着的冒险中,小哥哥仍然是主角。故事发生在勒阿弗尔的一家酒店,酒店位于苏坦东海岸边。我不知道这起事故是否与一些宿命的预兆相连,因为那些征兆简直微不足道。我一直很喜欢勒阿弗尔,相对于南特那样的河岸小城,

V 霍洛芬斯的头颅

我更喜欢海滨城市。但大海并不吸引我,我不会游泳,是个陆上动物,而非水中野兽。我只是喜欢坐船,喜欢所有与航海有关的东西。

我的很多朋友都生在诸如勒阿弗尔和南特这样的航运城市。在这些港口城市度过的短暂假期总与许多美好的回忆相连,特别是1924年8月,我在勒阿弗尔度过的那几天假期。和我一起的是一个比我还要热衷旅行的朋友,他在东欧做了几年哲学老师后刚回到巴黎。我们再次回到人潮涌动的苏坦东岸,饭馆酒肆林立依旧,特别是那家"海军军部"酒店,十二年前上演过一场惊人的"冒险剧"。在它附近的加利庸街,我第一次见识了红灯区,街市两侧风月场鳞次栉比,坐在店门口的老鸨,围着羊毛围巾,招揽客人。在所有那些我和朋友闲逛时的驻足之处,有个自称"银元"的英国酒吧,就在教堂与警察局之间,如今早已不见,但想起来仍让我心驰神往。我记得,"银元"当时有两个女招待,一对法国姐妹,同样的游蛇般的身姿,尖挺的乳房,金发碧眼。她们与客人跳舞、掷骰子、打扑克,斟酒时妩媚得就像时装秀中的模特。给她们打下手的侍者则显得粗手笨脚。吧台之后,悬置的酒柜中间有个过道,两个高大的英国女郎在那里挤眉弄眼。紧连着吧台的是个套间,有一架老式钢琴,琴旁是个上了年纪的男人,神气十足,但又有那么一点酒鬼样,须发皆白,粗服乱头。他轻抚琴键,手法像个小姑娘,轻巧精致。他弹的曲目庞杂,老华尔兹、玛祖卡、波尔卡、轻歌剧选段、民族歌曲、爱国小调,不一而足。偶尔,他也会起身，在仅有的几个客人之间，寻找为他量身定做的迷你烟缸。有时，两姐妹手扶在胯上，小腹乱颤大笑不止。而她们的下手，除了给客人必要的服务，则安坐在那里一动不动，皱着眉头，并非因为不悦，而是若有所思。为了倾听演奏，她紧挨着老琴师，手肘倚在钢琴上，跟着小声哼唱。这种空间的私密感往往被突如其来的醉醺醺的美国水兵打断。他们迅速接管乐器，钢琴几乎被随之而来的狐步音乐击碎，从地板到天花板，各种颜色的鸡尾酒乱溅，黑啤酒的泡沫翻飞。如今，这对姐妹，一个早已结婚，另一个变得肥胖而忧郁。

我有个与海联系得紧密的记忆，只是已经变得模糊不清晰了。我那年12岁，结束第一次英国旅行返航，船刚一离开多佛尔港就雷电大作。这是一种干烈的雷暴，整个海天雷声滚滚，闪电连连，十分骇人。四周一片漆黑，而更让人惊惧的是没有一丝风搅动，电光闪闪中，我望见海面平滑如镜，好像人们常说的"油海"。后来我常常会这样描述这场猛烈的雷暴雨，我说自己甚至看到出现在桅杆顶端的圣艾尔摩之火[1]，如今模糊的记忆让我怀疑自己是否真的亲眼看见。

另外一个与海相关的记忆就是我坐船离开马赛。那是我婚后第一次试图逃离，试图将自己从内心的苦闷中解脱出来。我的目的地是埃及，在开罗与我的朋友会合，就是那个

---

[1] Le feu Saint-Elme，是古代海员观察到的一种自然现象，经常发生于雷雨中，在如船只桅杆顶端之类的尖状物上，产生如火焰般的蓝白色闪光。

和我在勒阿弗尔酒吧街鬼混的朋友。客轮缓慢驶离,我盯着被分开的水线,在船墙与海岸间越扩越大。这是个撕心裂肺的时刻,因为一旦离开,对爱的贞洁便会随之丧失,难以找回。我们相互远离,去重新衡量一些事物,为了最终当我们面对这些事时,可以凭自己的意志做出判断。

最近一次圣灵降临节,我去勒阿弗尔又遇到类似的事。在节日的前一天晚上,我在各种酒吧、舞厅、夜总会闲逛,当然少不了加利庸街那些下流场所。相较数年前,这里变得死气沉沉。街上没什么人,不见醉鬼,也听不到自动钢琴演奏。然而在这海港的风月场,我强烈地感受到一种人性的深沉和伟大。在我看来,所有简单粗陋的妓院都拥有这种特性。这是圣灵降临节的一个周一,这也许是此处相对安静的原因。我和同伴惊异于这种风月场的冷清,接待我的姑娘简洁而肯定地回答我说:"宗教节日不是放荡的节日。"从一处流连到另一处,交谈间烈酒一杯杯落肚,我喝得太多,以至于第二天一早干渴得喉咙生烟。我大口猛吸晨间的海风,试图为自己心中带来些清爽,为自己混乱的想法梳理个头绪。为此,我还散步到海边,在峭壁上俯瞰圣阿特莱斯(Sainte-Adresse)。这里海拔五十多米,我环顾港湾,茕茕孑立,忽然感受到我乘船离开马赛时的强烈心绪。水中的浮标随着海浪律动,我能听到它发出的尖利声响。远处海岸,两个身穿雨衣、头戴贝雷帽的男孩,伴着一个上年纪的太太(应该是他们的妈妈),小心谨慎地前行,翻越一块接一块的岩石。他们应该像我一样,也是来这里度假。其中一个男孩,手中拿着一把矿物学家用的锤子，偶尔敲开一块岩石，留取一些样本。我仍然沉浸在宿醉的恍惚中，我觉得那孤零零的悄声作响的浮标，就像是前夜风月场招待我、与我聊天的姑娘，它看上去是那么的谦卑、温柔、"有教养"。

让人难以置信，尽管海上浮标的低声哀吟好像某种呼号与求救，那年轻人仍可以置若罔闻地专注于自己的矿物科考，手握着锤子，流连于海滩。就像前夜小姑娘对我说，她已经被囚禁在妓院十四个月，而我却熟视无睹一样。从某种意义上讲，我就是那个青年，不能摆脱对舒适生活的依赖，只专注于无甚价值的研究，而忽视世界之心。海湾之中有某种东西在如此强烈地燃烧，孤独地号叫，它只求我们聆听，要求我们有足够的勇气为之献出一切。在折返酒店的路上，我一度想取道那家妓院，和那个姑娘睡上一会儿。我后悔没那么做，即使我知道，一个平庸的、唯利是图的拥抱，也许会导致并不浪漫的后果，比如染上性病，但我仍后悔没有去做。

相对于自己许诺要讲述的内容，我已离题千里，这一章都是与我有关的"受伤"回忆。我原打算继续以相关的主题结束此章，可在写作过程中，我渐渐地偏离了自己制订的框架，就像我们常说的，越是盯着自己看，看到的一切就越是含混不清。起初，我认为可以将这些主题分门别类，但事实上，它们显现出某种不一致和武断，最终，我的编排仅仅是一种抽象的导读手册，一种基于美感的简单组合。

小哥哥也卷入了我有关"勒阿弗尔的回忆"，这回忆与我第一次坐轮渡的经历搅混在一起。那是个复活节的假期，

V 霍洛芬斯的头颅

父母带我们来到特鲁维尔[1]。为了活跃平淡无奇的旅程,还未成年的我们编织了一个虚构的神话人物。那会儿,我们俩都热衷于赛马,在家的时候,我们通常把自己想象成寄宿在马术学校的骑手。当有赛马明星汇集的比赛时,我们就把自己指认成场上某某著名的骑手。有那么几年,哥哥一直自认为是勒内·索瓦尔,我则也是很长时间自诩为纳什·透纳,之后是乔治·米切尔,之所以选择后者是因为我们的姓名相仿。直到上面提到的那次旅行,我那时把自己称作是法国的乔治·巴尔菲蒙。这些骑手的名字与一种魔力相连,而将他们的名字投身到自己身上只有一个目的,让我们觉得自己也孔武有力,仿佛这样就可以吸收到偶像的精神。就如同我们将自己想象成基督教中的圣人。

假期中的一天,父母带我们乘坐老式蒸汽轮渡,从特鲁维尔出发,去游览勒阿弗尔。我们本该当天就乘坐相同的轮渡返程,但没想到大雾突至,轮船无法起锚。无奈我们只得毫无准备地滞留勒阿弗尔,在"海军军部"酒店过夜。我和两个哥哥自然对这种意外事件兴奋不已,即使只是沿着街巷漫步,也像冒险一样诱人。与我们不同,在父母眼中如此的意外事件无甚新奇,毫无兴奋可言。再加上窗外又下起了雨,他们别无选择,只好将吵吵闹闹的我们关在旅馆房间里自娱自乐。我和小哥哥自然玩在一处,编造故事:两个骑手与他们的教练,还有教练的太太,一起旅行。第二天他们将

---

[1] Trouville,法国北部的海滨小城。

要参加一场比赛,但一切都因为一次偷情变得复杂起来。巴尔菲蒙,也就是我,由于这次旅行收获颇丰,成了教练太太的情人,而我们把妈妈幻想成教练的太太。

爸妈窝在酒店房间的一角,想着不得不在这里度过一个没有睡衣,没有牙刷、梳子,没有任何洗漱用品的夜晚,闷闷不乐。可能因为没有更多的空房,我们挤占在唯一一间客房(也就是偷情发生的客房),于是爸爸整晚戴着他的礼帽。(直到第二天一早我们回到船上,虽云开雾散,但仍海涛汹涌。我清楚地记得,爸爸被晕船彻底击倒,礼帽歪扣在头上。)总之,事实就是父母心情不佳,而这种情形又加剧了我们的躁动不安。我们在房间里疯跑,上蹿下跳,想尽一切办法向街上张望。小哥哥头贴在玻璃窗上往街巷看,只听得一声爆裂,被压碎的玻璃落向便道。雨应该已经停了,街上人们一阵骚动。妈妈冲向窗子,她似乎听到了窗外的叫喊,她犹豫良久不敢探身观看,心中恐惧有行人被碎落的玻璃扎伤,她害怕自己的念头成为事实。最终,她还是禁不住侧身探望,街上并没有血迹,行人照旧往来穿梭。她折返到房间中央,长出一口气,体若筛糠。我们被劈头盖脸一顿呵斥。突如其来的事故打断了我们的游戏,妈妈的惊恐让我们目瞪口呆,我们设想了所有被处罚的可能(警察,或是酒店的人来把我们抓走)。一夜无话,将就度过,我反而有了充足的时间来完善与教练太太的偷情故事。第二天在船上,看着爸爸被晕船所困,而自己除了面容有点苍白,毫无不适感觉,至少没有丝毫表现,我骄傲得不得了。

这一章，我讲了一些焦灼之事，讲了温柔得难以模仿的小妓女，讲了圣艾尔摩之火，讲了风平浪静时海上浮标的哀吟。为什么这种炽烈的欲望之于我，显现得越来越深？就像妈妈的手充满恐惧，紧握"海军军部"酒店窗子的开关，而我也根本不敢探出身子向街上张望，害怕真的会看到路上的血迹。

伤口缝合

在最后一节有关"伤者"的故事中，自己成了主角，至今我左眉骨上仍然留着这次事故的疤痕。一年中总有那么几天（特别是天气大热时），疤痕特别明晰可见，甚至让人觉得是刚刚受的伤，于是经常会被问遭遇了什么。

我那年12岁，在一所天主教学校走读，在那里我完成了自己的初领圣体。课间休息时，在学校的庭院里，事故毫无征兆地发生了。在一局乱糟糟的"抓人"，或是别的什么游戏中，我和一个同学狂跑着迎面相撞，自己被弹回又一头飞撞在墙上。由于冲撞太过猛烈，眉毛上方被划破一道血口，直见眉骨。我四肢支撑，跪在细沙坪地上，低着头，血流如注。好像我当时失去了意识，没有任何记忆，只觉得在被证实休克之前，我一直保持着清醒。墙在我的右侧，而头伤的却是左边，我搞不懂自己是如何在空中扭转头部的，只记得自己四脚着地，好像一只被击中头部的野兽，思绪阴郁。我开始时认为，是与同伴的撞击让我的脸开了花。后来我被告知，是我撞上的那堵墙太过粗糙，也有可能是被墙上的钉子刮伤。我感觉鲜血流淌,却觉不出疼痛。撞击太过猛烈,我想着伤口巨深,肯定被破相了。最先滑过大脑的想法是:"我还怎么去恋爱?"我当时并非心有所属,只是考虑到未来,当我面对自认为唯一充满激情之事时,却带着丑陋的无法挽回的伤疤。我对自己不停地叨念:"我还怎么去恋爱?"这判决萦绕着我,使我心烦意乱。一击之下,我几乎已经自暴自弃;但同样的境遇也让我觉得置身于一出惊心动魄的悲剧之中,我甚至十分自豪扮演了这个角色,而且这悲剧也给了我必要的力量演好这个角色。我的诺福克套装短裤、双排扣绒布护腿都沾染上了血迹(一两年后,这双护腿被中学同学命名为"爷爷的长靴"),之后很长时间,它们成为我冬季必备的装备,很大程度上改变了我的人生。

我被扶起来送到厨房,厨娘感同身受,发出惊叫!她帮我清洗了伤口,送我去医务室。大夫一脸胡子,一条腿僵直,像是被车碾轧过。他为我包扎了伤口,还让我喝了一小杯酒,以作滋补。我毫不犹豫地宣称,庆幸自己获此意外殊荣;我确信,这是命运安排给我的角色的最基本的考验。之后,我被送回家,惊恐不安的妈妈又拉上我去看医生。医生用三个金属卡子固定住我的伤口,对妈妈说,她应该庆幸我躲过一劫,如果伤口触及太阳穴,也就差几个毫米,就可能是致命的。想到自己与死神擦肩而过,我的自豪感自然就越发膨胀了。大约半个月之后,医生用薄薄的刀片为我拆线,尽管疼得泪水流涌,我仍咬着牙一动不动。我的忍耐力得到了妈妈和医生的赞赏,这让我觉得更加自豪,因为我平

V 霍洛芬斯的头颅

时很少有机会展现自己的勇气。

事情的经过就是这样,我后来并未因此破相,但眉骨上一直清晰地留着这道疤痕。这之后不久,我才从一个同学那里获知,究竟何为爱的交易。事故让我在学校里一下子成了名人,也让我获得了一种与死亡近距离接触的私密的愉悦,我侥幸地从一起严重事故中生还。

人们可以指责我讲述事情的方式和选择事件的专横。我已经说过,只有包含悲剧色彩之事才对我散发着强烈的吸引力,在此我不再赘述。这种吸引是一股惊恐、焦虑和欲念、渴望相交织的潜流,就像假想当我面对朱迪特时,所有的鼓舞和怂恿、所有的警示和告诫。

即使这种介入太武断,但这种选择上的偏爱并没有明确的标准。或者,我们可以具体地将这种选择归结于一种特别的、令人不安的价值。对我来讲,这些故事都泛着血腥,就像悲剧一样上演,演员都穿着厚底靴,戴着怪异的面具。

伴随着不断的艰难探究,从一种神秘到另一种神秘,我一点点地收获关于爱的理论知识。从最开始发现,孩子形成于母亲的子宫;而父亲并非是傻乎乎的圣约翰,一心为后代赚取面包,他在生育中有直接参与;最终,关键的行为意味着一种泌尿器官的连接(我最初觉得这简直是个笑话)。我整天围绕着这些爱的知识胡思乱想,而未来等待我的就是艰难的实践。

VI 鲁克丽丝和朱迪特

我在一处险峻的山地远足。经过漫长的跋涉,来到德尔斐[1](事实上我真到过那里)。神庙废墟背后,尽是广袤的荒漠。沙漠尽头,隐约连绵的山脉勾勒出沙漠的边界。而山脉之后,仍旧是沙漠,依此循环往复。所有这些沙漠都被一种自我的"沙漠"所限定。在混乱杂陈的断柱残垣和空旷无物的不毛之地,唯有一处深谷,让我感到一丝清凉。深谷两壁陡峭得近乎垂直,它们似乎形成于一种持续不断的往复运动,相对的峭壁朝着相反的方向运动。山谷深不可测,好像置身两扇磨盘当中一样,被两边峭壁均匀反复的双向运动所挤压,我们在其中可以听到阴森恐怖的噪声,仿佛火山涌动,或是雷声滚滚。事实上,峭壁是静止不动的,被深谷吞噬的风制造出声响。从声响的来处,我看见一群大胡子男人,应该是神庙的祭司,匆匆走入布满巨大石球的深渊。他们

---

[1] Delphes,是一处古希腊城邦共同的圣地。

刚一到达谷底,石球就在巨大的爆裂声中粉碎。

(1928年的一个梦)

小时候,传奇故事中,我最喜欢《圆桌骑士》,至今仍为其着迷。我一开始读的并非成人版本,而是专供儿童阅读的插图本,那些极其浓缩的慑人情节已被删除,所有辅助的细节全被略去,只剩下传奇的主线。

一直以来,我对这些单纯的故事、民间传奇情有独钟,它们散发着一种童真、原始、无邪的气息。当我处在严格意义上来讲的善当中时,我渴望恶,因为恶可以让我放轻松;当我处在公认的恶中时,我又会感受到一种复杂的愁绪,感到对大家都认可的善的向往,它就好像我们吸吮的母亲甘爽的乳汁。在生活中,我总是左右摇摆:安逸、安静时,我无聊得要死,总希望有什么能打破这死寂。但真当有什么令人震撼的东西出现时,我又裹足不前、犹豫不决,甚至逃避、退缩。我无论如何也做不到当机立断、勇往直前,在决策时,我总是瞻前顾后,忧虑再三,往往选择偏安一隅,我对自己的放弃很难泰然处之,事实上我对放弃之物有着强烈的渴望。成年后,我保持着对理想的友谊和柏拉图式的爱情的向往;同时,我也对不为人关注的东西充满兴趣,比如像那些在低贱与罪恶当中卑微的溺水者。年轻时,我热衷于奇妙的冒险,那里充斥着有魅力的人、无比贞洁的女士,还有骑士;同时,我也迷恋着青春期下半身带来的躁动。

亚瑟王的消失是我最记忆犹新的故事之一,我被悬疑的结局深深吸引,甚至曾逐行抄录下来。关于消失,亚瑟王是真的死了,还是有仙女将垂死的他载往某座岛屿?在消失之前,他三次把宝剑抛向水中,而水底不知名的怪物又将其抛了回来。还有梅尔林那一节,梅尔林迷失在波西里昂森林里,被自己的情人薇薇安囚禁起来,而囚禁他的法术正是梅尔林自己教给薇薇安的。因为总思虑着这故事,我经常梦到自己生活中的某些景象出现在故事中:一个满怀悲观情绪的男人,他自认为在悲观中总能找到如闪电或流星一样的能量让生命反转。于是他迷恋上自己的这种悲观绝望,直到有一天他终于发现,他堕入了自己为自己设置的迷人骗局完全无法自拔,然而为时已晚。

战士的铠甲、锥形的女帽和月白色的脖颈,这些形象交融在一处,我任由自己的想象游走其中,心目中的仙女由此形成。这仙女既让我期待,又让我恐惧,她无尽温柔的迷人外表下隐藏着致命的险恶,就像个交际花〔courtisane 这个词前半部分发音像窗帘(courtine),而后半部分发音像矛枪(pertuisane)——那时我刚开始着迷于这种文字游戏所产生的预言价值——这组合更加坚定了我的想法〕。或者说,这个仙女将我心中的鲁克丽丝和朱迪特象征性地融合在一起,她就是埃及艳后,克莱奥帕特拉。

当我念出克莱奥帕特拉的名字时,马上浮现在我脑海中的事之一,就是帕斯卡尔对她鼻子的评价,尽管我并不知道

Ⅵ 鲁克丽丝和朱迪特

世界的面貌是否真的会因为鼻子的长短而改变[1]。我讨厌这种箴言警句，看起来意味深长，其实空洞无物。这种箴言给我带不来什么启示，但无论如何有一件事是肯定的，当念"克莱奥帕特拉"时，我首先想到的是无花果篮里藏的一条蝰蛇（和大多数人一样，我对蛇十分恐惧），然后我会联想到狮子，艳后经常把她的情人投入狮口。

我还联想到"雪花石膏"（albâtre），象征着克莱奥帕特拉（Cléopâtre）的纯洁，由此我又想到那些亚历山大时代的哲学家，他们漫步在大理石廊柱与石柱跟前，老朽不堪，衣衫褴褛。这些与我对今天亚历山大城的记忆搅混在一起：闷热的桑拿天（我至今仍会做那种浑身汗渍、衣衫潮腻的噩梦）；海港边，五颜六色的原住民街区；令人惊叹不已的诺曼底酒吧，经营酒吧的两个姑娘无疑是诺曼底人，在流转的命运将她们带到这里之前，她们定是粗壮的农妇；那些露营在布拉克桥下沿岸的阿拉伯人，我从那里启程前往希腊，就像个从容的旅客，手里只拿着一小盒黄油和一瓶白葡萄酒作为补给。我把自己对亚历山大城的回忆与其他回忆混淆起来，特别是我在开罗度过的那些日子：吉萨金字塔，就像几座巨大的煤山堆积在河岸边；清真寺花园的围墙将天空截成蓝色的方块；在那些售卖现代镀镍刀具的小铺里，我们可以喝到冰镇饮料，但一不小心就会喝坏肚子；老城区的流动小

---

[1] 哲学家帕斯卡尔曾说过："如果克莱奥帕特拉的鼻子短一点，世界的面貌将为之改变。"

贩，身材消瘦，花白山羊胡，裹着头巾，售卖酸角汁时，一手持壶、一手握杯，倾倒出一条长长的弧线，难以模仿的优雅；苏格兰军官，穿着花格长裤，或是礼服（扣袢皮鞋、无尾上装和花格裙子）；那些趿着破鞋的无业游民，面色古铜，一身睡衣似的长袍；而有产者，头戴土耳其红帽，浅色长袍，懒散地挥舞着蝇刷，或是高傲地漫步，或是安坐于露天咖啡馆；杰济拉岛的花丛小径，阳光下花朵鲜艳异常，走过去就仿佛穿越一片红雾；掺着沙尘的热风，有那么几天，让我觉得自己鼻孔在冒火（此刻，它让我想起小时候烧制陶罐时的情景，用蜡烛加热湿沙，散发出一股淡淡的、如蛋糕烤焦的味道；用类似蛋杯的现成物做模子）；在阿兹巴齐亚街区，那些被关在"笼中"的黑人妓女——临街房间的地板被抬高，开着装有栏杆的大窗，透过栏杆的黑手臂上下挥舞，想一把将你抓住；低胸长裙的阿拉伯女歌手，袒胸露乳，仿佛赤裸的角斗士；在博物馆或是墓园墙头，那些伸展着翅膀的鸟头人像；那些罗马时代棺椁上的图画（妇人的面孔涂抹着脂粉，被描绘得细腻、鲜活）；那些戴着蓝黑素纱的埃及女人，穷的赤裸着泥脚，富的穿着高跟鞋子；我在这里过着恬淡的日子，没有性的奢求，有时仅仅赤裸地躺在房间木条地板上，我就心满意足。

克莱奥帕特拉的一生，混乱而跌宕。她数次将自己用过的男人送入野兽之口（我相信这并非谣言，尽管逸闻并没有在普鲁塔克或其他历史学家的文字中出现，但无关紧要，重要的是那种双重性格，一方面独裁专横，一方面又温柔和善)。她与马克-安东尼相伴,度过那些"难以复现的岁月"。她把珍珠溶在醋里,作驻颜佳饮。她创建死不分离俱乐部,以慰情人。尽管克莱奥帕特拉的一生拥有如此让人难以置信的恣意想象,她却没能再次成功地诱惑胜利者屋大维,为了避免沦为阶下囚,她故意让一条剧毒的蝰蛇咬中胸部。

审视埃及艳后克莱奥帕特拉死时的情形,我惊异于故事中两个元素的组合。一是致死的毒蛇,绝好的雄性象征;另一个是蛇躲藏的无花果篮,无花果通常被看作女性的性器。对我来讲,不必寻找其他事物,仅仅这个巧合,我就可以断言,这种象征性的相遇,预示着自杀的深层内涵。同时成为自己与他者、雄性与雌性、主体与客体、遇害者与杀人者,自杀是唯一可能与自我联通的方式。如果说这是一种纯粹之爱,它既非两人之间的连接,也非人类与世界的连接,它只是两个伟大的词汇的组合,而这组合无疑会招致惩罚,就像普罗米修斯为盗火种所遭受的惩罚一样。我们忍受惩罚,为的是获得一种热爱自己的权力,最终,在这种爱中显现出自杀的意图。

如果现在我们能意识到,克莱奥帕特拉并非一个简单的放荡女人(将情人玩弄于股掌之间),作为上帝创造的尤物,她选择自毁来主宰自己的命运,那么我们将能在她身上看到女性永恒的两副面孔,分别是我的鲁克丽丝和朱迪特,一枚金币的正反两面。

在克拉纳赫的双联画面前,人们无疑都会自问,两个女英雄,贞洁的鲁克丽丝和爱国的荡妇朱迪特,被以同样的一对人像的形式再现，她们的内心中是否有某种相似的环节将她们联系在一处。尽管两者情态不同，我们可以轻易分辨出她们的身份，我们仍然可以发现这两个人物有着惊人的相同之处，她们都同样以血来洗涤各自色情行为的污点。作为补偿，一个选择自杀，因为耻于被强暴（也许她也从中获得了快感），另一个选择杀死那个她用肉体引诱的男人。由此来说，这并非画家心血来潮，克拉纳赫同时画出的这两个人物的确有着深度的相似。她们被以同样的裸露方式再现，让人惊异，诱人向往，在这里没有任何道德等级的桎梏，有的只是身体的赤裸。她们在各自行为最为激烈的瞬间被固定下来。

先是鲁克丽丝，坚韧锋利的匕首抵在雪白的胸前，在两个结实浑圆的乳房之间（乳头如石头一样坚挺，仿佛胸甲上的装饰）。匕首尽头已经有血珠渗出，几滴鲜血，仿佛一种性的极端隐秘的馈赠。鲁克丽丝已经准备好抹去被强暴的羞辱，她被强暴时也一样，被匕首抵在胸口。为了一种血腥的死亡，匕首必须完全刺入肉鞘，就像强奸者那根无情的阳具，对着双腿间裂开的缝隙，猛刺进去。那粉红色柔嫩的裂口，不一会儿，便迷醉地大口啜饮，就像伤口一样，它只是比伤口被刺得更深、更野蛮，也许更醉人。一股鲜血从匕首刺破的伤口，从几近昏厥、奄奄一息的鲁克丽丝身体里，涌流而出。

再看朱迪特，右手持一柄长剑，同样地赤裸，剑尖刺入地面，紧贴着细小的脚趾，剑刃又宽又利，刚刚割下霍洛芬

VI 鲁克丽丝和朱迪特

斯的头颅。女英雄的左手提着被割下的残头,为了能够紧紧抓住,手指深深嵌入发中。她戴着一条粗重的项链,仿佛用来押解苦役的铁索,肉感妩媚的颈项被冷冰冰地缠绕,让人联想到脚边的利剑。她面容平和,似乎并不在意手中长毛的肉球,这手中之物就仿佛在霍洛芬斯射精的一瞬,她紧闭阴唇割下的阴茎;或者,是她从烂醉如泥的男人身上一口咬下的极度兴奋的恶魔。

克拉纳赫用相同的方式,在二者身上遮上两片透明的轻纱,这种遮掩反而让他的剖析更加赤裸。两位伟大的古代女性、两个善恶相间的天使,赤裸地并肩而立。沾染血污的她们通过一种相似的杀戮超越了所有的平庸。鲁克丽丝面色惨白、忧伤,她可笑地顺从、献身于夫妇之道(她如此恪守贞洁,而正是这种恪守诱惑了塔昆纽斯)。朱迪特则以她咄咄逼人的形象遮蔽了前者,她仿佛刚刚从霍洛芬斯的帐篷中走出(这个阴险的女人不久前还在乞求将军的保护),她尖尖的指甲被死者的鲜血染红,就像如今女人们流行的那样,把自己的指甲涂红,她衣衫起皱,沾满汗水和尘土,匆匆披在身上,无暇整饬,赤裸之处我们可以看见那精液与鲜血的粘黏。我幻想着,霍洛芬斯身首异处,跌倒在女英雄脚下的情景。

我记忆中充斥着不少荒诞、下流之事,就像海员们为了补给而光顾的船具店,那里尽是稀奇古怪的物件(锚定、锁链、衬衫、铅笔、纸张)。正是与所有事件相关的这种下流,再加上记忆犹新的极端恐惧和厌恶,使得这些事件中的女主角（即使她们初看上去并不可怕）最终都成为各式各样的朱迪特（至少，她们对待自己的态度远没有我面对她们时那么卑微）。在我生活中有这么几个真实的朱迪特，她们是如此相似，依次如下：

一个是我的小学同学，头发被一道缝隙左右分开，耳后结成两条黑辫，看上去身材结实、目光狡黠，实际上十分乖顺。我们常开玩笑说要一起生许多孩子。有时她会用一只手的手掌反复摩擦另一只手的拳头，然后让我闻她的掌心，说："这就是死亡的味道。"

有一次，我和妈妈出门，在有轨电车上我们遇到个金发寡妇，那金色很有活力。她就坐在我对面，涂着浓厚的脂粉，黑白相间的面纱、丝袜，手中一大捧紫罗兰花。我盯着她疲惫的双眼、红红的嘴唇、细长的大腿，努力回想自己的自慰狂欢夜。

那些我趴在床上为之哭泣的或真实或虚构的女人，我在孤独与绝望中辗转反侧，想着自己可能永远也找不到一个适合自己的爱人，这种想法又带给我某种快感，直到自己痛哭流涕，哽咽不止，我沉浸在自己的泪水里，就好像沉浸在一片爱抚的潮水之中。

还有那些女演员，像可望而不可即的莎拉·伯恩哈特[1]，然而有好长一阵子她都是我的禁忌性娱乐的主角。

---

[1] Sarah Bernhardt，19 世纪和 20 世纪初法国著名的舞台剧和电影女演员。

VI 鲁克丽丝和朱迪特

还有我 15 岁时爱上的一个酒吧姑娘,她简直就是个诈骗钱财的荡妇,卷走了我的钱却没跟我睡,我像个傻子,被人以难以想象的方式羞辱。我着迷于她的同性恋身份和沙哑的嗓音,我还记得有一次听到她拔牙时的呻吟。还有一次,和她约会被父亲撞上,我真的羞愧得难以言表。

在另一个酒吧,我遇到一位女客,接吻时,她把我的嘴唇咬出血来;有一天,醉醺醺的她为了展示身段的柔软,一失脚踢在我的脸上。

一个饕餮淫荡之夜,我与一个穿花边黑丝袜的姑娘睡在一起,她还是个处女,我却碰都没碰她,因为自己将喝的红酒吐了一床。

我还是处男的时候,在妓院遇到了一个青涩的姑娘,真正清新、漂亮。我和她独处一室,四周是奢华的装饰。尽管她温柔百般,不停地用她湿润的唇亲吻我的额头,我仍然不举,想来是因为自己太过感动,紧张得手脚发麻。

我真正喜爱的女孩是个朋友,微蓝的眼睛,英国式的名字(至少我们这么说)。第一次亲密接触时,我又出现了上面的情况。正如事前所担心的那样,我的无知显露无遗。不久之后我怀疑她背叛了我,或是想要背叛我,和一个年轻女孩厮混。事实上,她一直对同性之爱充满好奇。如果她因为一个男人背叛我还好一些,而和女孩厮混则真的意味着移情"别"恋,对此我不可能漠然旁观。

在一家美国酒吧的地下室我还遇到过一个娼妇。我当时在和一个年纪比我大的同性恋朋友[1]一起喝酒。那姑娘一副"风流"样,身材壮硕、栗色头发。我和她一起跳舞,她丰满的臀部不住地颤抖,让我兴奋不已。然而紧接着却是一番暴力场景,不知什么原因,她大骂我的朋友是皮条客,还扇了朋友一个耳光,我则被她的兽性惊得目瞪口呆。之后我把朋友护送回家,他酩酊大醉,恶心得要命。再后来我们同床而眠,还情意错乱地相互拥吻。

一次欢宴上,来了一个高傲、冷漠的美国姑娘。同样是上述那位朋友,他平静地告诉我,这姑娘是个杀人犯。远远地看着她,这个秘密还是不禁让人起疑。

另有个女孩,和我们大谈她的风流韵事,嘴中尽是淫词秽语,她还给我们看腿肚上紫红色的刀疤。我并没有"上"过这个女人,但每当我读到报纸上的社会新闻,那些对吵架和冲突的记录,那些被分尸成小块的女人的故事,我经常会想起她。

还有个我第一次见面就借着醺醺醉意想与之发生关系的女人(她后来成了一个朋友的太太,而这个朋友曾是我之前三次爱情冒险的同谋)。那是在一家廉价酒馆,我躺在一张带帷帐的大床上,身边是这个温

---

[1] 这里指作家马塞尔·茹昂多(Marcel Jouhandeau)。

柔、纯洁的年轻女人，仿佛鲁克丽丝。我愚蠢地啃咬她，对我酒醉的样子她狂怒但无计可施。而另一对情侣，也就是我的朋友和他的女伴，坐在宽大的沙发中，发出尖利的笑声，一副朱迪特卸下装备的神情，他们对我的丑态乐不可支。另外有个姑娘，妄图将这二人也推入到这一场景之中，站在一旁狂笑不止。所有这些都是为了挑起一场无声的对抗（在经历了一场漫长的对话之后，在对话中，我得意地置身于超越道德的位置上，大谈虚无和绝望，却毫未察觉，这个绝美的朱迪特向我发出挑战，一切都在她戈耳工[1]式的目光凝视之下）。在如此的长谈之后，我觉得已经无需隐藏自己。

还有个姑娘，和她在一起，我连续四天喝得烂醉如泥。她非常真诚，只是比较平庸，也不漂亮。腿部线条优美（她给我看之前客人在她腿上留下的淤青），但相对于垂着一对巨乳的上半身，则显得过于纤细。她用双手遮住乳头，仿佛是遮挡某种残疾，因为她的乳晕过大，就像一块酒渍，一片烧伤的印迹，一颗碾碎的草莓，或是仿佛剃刀割下乳头后留下的丑陋疤痕。我需要她，因为我那时十分孤独，在经过一段漫长沮丧的日子之后，只有她还在我身边；我需要她，尽管她并非我喜

---

[1] Gorgone，希腊神话中，三个长有尖牙、头生毒蛇的恐怖女妖，美杜萨是三个中最小的那个。

欢的类型。与此同时，我认清了自己的无耻卑鄙。但让我着迷的也许恰恰是她以粗俗的举止伴我到处游走，让我耻辱难当、颜面扫地。这险些让我当众羞愤自尽，她似乎很想让我死于酗酒过度和焦虑失眠。

再有就是那个面如枯槁的外省下贱荡妇。但她身材纤细，皮肤柔嫩，大腿和脖颈泛着芳香，带着一种交际花式的时髦气息，妆画得还算雅致，"中规中矩"。然而，她一副被毒品摧毁的样子。她的睡眠总是被呼噜、粗鲁的举动和噩梦打断，她忽然完全无意识地操着烧酒嗓大叫："老婊子！你没完没了地吵醒我，难道就为了把我身上的男人轰走？"

还有几个人，我之后会在适当的时间和地点谈到她们。

最后有些人，没和我发生任何关系，见到她们的时候，我甚至不敢主动开口，她们便用美杜萨式的目光，将我的头颅割下。

对于我，一个女人总或多或少是个美杜萨，或者说，仿佛美杜萨之筏。我听说，如果她的目光没把我的血液凝结，那必须用激烈的诽谤来弥补。

我表面是个听话甚至快乐的小孩。如果没有妈妈和姐姐的确凿证明，我几乎没留下任何童年回忆，我也拒绝相信这些回忆。很小的时候，我就知道自己对泪水有种偏好，它似乎总与演戏相连。当我哭泣，即使很小的时候，我也很难分清,何时是真的痛哭流涕,何时是扮演虚构的角色,但二者的目的是相同的虚假伪善(因为自己往往第一个上当受骗),我只是本能地想得到别人或是自己的瞩目。在我家,敏感被公认为是一种家族特性。我和两个哥哥全都天性细腻,甚至或多或少有些神经质。我喜欢沉溺于泪水之中,也执着于表现这种敏感的伎俩,比如,曾经有过一两次,我故意滚到床下,为的是有人能将我轻轻抱起放回床上,也为了抱怨一下自己的辗转难眠。小哥哥很有天分,当他用小提琴拉长段的奏鸣曲,或是别的古典曲目,为了赢得一个早熟乐手的赞誉,我暗示自己直到泪流满面,而且我在这泪水中发现一种积极的肉欲快感。"大战"刚刚爆发,我和姐姐被送往比亚里茨。一晚,我将脸埋在枕头里,痛哭不止。姐姐轻易就让我坦白了伤心的因由:那时我还不到13岁,爱上了一个年过三十的女人。不过这次情况特殊,我确信自己的悲伤并非全部的模拟。

一般来说,每当一本正经地痛哭流涕,我都会感受到平和与放松,我会沉浸在一种安乐惬意的氛围中睡去,仿佛所有事情都变得明晰起来,仿佛(不管它,我在这里要用个套话)"泪水让我焕发新生"。

很久以后,一些文学作品介入到这些相对来说只属于我的故事中来,我会反复叨念魏尔兰那些关于女性的诗句:

> 温柔、沉思,她有着栗色的头发,从不因什么而恐惧
> 她偶尔会吻你的前额,就像吻一个孩子!

还有爱伦·坡关于失去爱人的句子，那不可能的爱的形象：

> 因那被天使叫作丽诺尔的少女，她美丽娇艳
> 在这儿却默默无闻，直至永远[1]！

在饱受青春痛苦折磨时，左拉的《娜娜》是一本让我真切感动的小说。我喜爱它，并非因为它的腐败堕落，那些布满灰尘的装饰、闺房中的溃朽糜烂、厕所内的肥皂水味；我喜爱它，是因为其中一个情节——年轻的乔治·于贡逃学去和漂亮的小荡妇鬼混在床，这姑娘一会儿扮演成小狗，一会儿扮演成小孩。

14岁时，我在一个灰色封皮、烫红书脊的笔记本上，自以为是地写一些诗、记录一些想法。在其中，我同样发现一些句子，如今看来愚蠢可笑，但它们却与我一直以来固执的幼稚渴望相一致，也就是我力图坦白的那些渴望：

> 哦！和一个我喜爱的女人生活，温柔如情人、甜蜜如母亲，她分享我的痛苦与快乐，用她清澈的目光，或长长的亲吻驱散啃噬我心的暴烈苦痛，赶走我愁眉间的烦闷忧伤！是的，我渴望被包容，渴望在一个女人的臂弯中哭泣，哭泣而不担心被嘲笑，哭泣而确定会得到安慰！

---

[1] 这里分别引用了魏尔兰的《心愿》和爱伦·坡的《乌鸦》。

VI 鲁克丽丝和朱迪特

我相信,有同样多与我年纪相仿的孩子,即使在不被理解的人群中,仍然有更加不被理解的人。我梦想可以在真正纯洁的情人那里痛哭,我或许永远也不会找到;我也梦想躲避到如母亲一样的女人那里,将头埋在她胸口,忘掉不切实际的渴念,在她身边,我可以放声痛哭。

因为当初自己太过沉湎于半真半假的多愁善感,也许是一种惩罚,我如今早已丧失恸哭的能力。我经常想像过去一样哭泣,但日积月累,这种哭泣变得越来越让我倒胃口,现在只有身体上的极度疼痛,才能让我哭喊出来。

所以,如果有女人让我可欲而不得,让我恐惧,让我瘫软不知所措,她们就是朱迪特。如果也有人抚慰我,像姐妹一样,就像温柔的鲁克丽丝,那么只有在她们面前,我才能感到自己没被隔绝。而且,如果我觊觎的是朱迪特,而只能征服鲁克丽丝,这对我来说将是一种极端的羞辱,只能让我倍感自己的软弱无能。在这出悲剧中,如今留给我唯一重燃勇气,战胜卑劣本性的办法,就是以折磨鲁克丽丝的方式,更好地爱护她。这实际上导致,如果和我在一起的女人,让我感受不到那种圣洁的恐怖——我说"圣洁"(sainte),是因为这里显然有神圣(sacré)观念介入——我倾向于用怜悯来代替这种恐怖的缺失。也就是说,更加准确地讲,我总暗暗地倾向于在她们身上虚假地展现我的怜悯。我试图在日常生活中引入一种撕裂的道德,在这种道德之下展现我的怜悯。得益于反复的苦痛折磨,带来生活上的一点点改变,让自己置身"美杜萨之筏",上面几个形如饿殍的人哀号着相互吞吃。

因此，这种特殊法则下的狂热，与我在性方面受到的恐怖打击相连。某种程度上讲，我在怜悯之中重新找到了这种狂热，以至于（在同一种鲜血淋漓的视角之下的朱迪特和鲁克丽丝）两个极端重新合为一体。因为，如果我足够细致地审视这怜悯，我想，这种令我陶醉的混乱特别来源于悔恨。这悔恨与我自己为了展现出怜悯之情所表演的懦弱和残忍相连。通过一种迂回的方式，这种美味的悔恨将我带回到恐惧当中，确切地讲，就是对受到惩罚迷信般的畏惧。然而，这种畏惧很适合我，当我忍着苦痛背叛某人时——也就是说，我也是背叛受害的一方——它使我能够直面对方，最终坚持离去，而我心里的负担也变得没那么沉重。于是，依照着一种双重的运动，所有相关的一切都表现出对立和冲突。

我难以在此清晰地表达自己，并非因为我展现最羞耻之事时的胆小畏缩，而是因为恐惧与怜悯，对我来讲这两种概念始终混淆在一处。这恰恰与我回想某些童年记忆时的感受一致，温情与恐慌相互混淆，纠缠不清。记不清是谁送过我一个羊舍模型，里面是长着金色犄角的白羊（我对它们爱不释手，或许是因为我印象中羊儿生来就是要被宰杀的）；我自己则穿着蓝白格相间的围裙，将额头贴在冰凉的窗上，抱怨地嘟囔：“好无聊！”

现代的潜意识探索者们经常谈到俄狄浦斯、阉割、罪恶感、自恋。我不认为他们在问题的本质上取得了多大的进展（对我来讲，这一本质与对死亡的困惑和对虚无的恐惧相关，它隶属于形而上学，更加玄奥和抽象）。我总是本能地将美与恐惧相连，一件我亲身经历的小事足以展现这种联系深层次的重要。这件事要回溯到我生命中无忧无虑的年代，而我已经意识到了这种联系。我们可以将这件小事视作一种明晰的再现：

在1920年、1921年左右，我刚刚开始着迷于现代诗。一天我给父亲朗读一首阿波利奈尔的诗（《烧酒集》中名为《1909》的那首）。他对我说，诗的最后两句（我觉得最令人赞赏的两句），荒诞且荒谬。这评论激起了我对他最黑暗的愤怒。这两句诗如下：

> 这女人如此美丽
> 以至于令我畏惧。

Ⅶ 霍洛芬斯之恋

我用指尖旳脂粉涂抹生活；凭奇异的视角来为自己平淡世界的织物着色。用指头碾死苍蝇，足以证明我是个施虐狂。一饮而尽杯中之物又显示出我陀思妥耶夫斯基笔下酒鬼的面目。醉了，我便忏悔我的所作所为，刻意给自己戴上将一切神圣化的眼镜，而忽略自己生活的平庸。在纯粹这个问题上我与他人无甚分别，尽管我是想让自己看上去纯粹；我钟情纯粹胜过混乱，因为要达到某种富有张力的混乱，必定耗费太多的精力。而我又生性懒怠。

无论从哪一点看，我都像是个小资产者，自诩为出没风月场的萨达纳帕勒斯[1]。

起初我想成为侯拉[2]，或者哈姆莱特，如今我更钟

---

[1] Sardanapale，拜伦诗中的人物，阿尔及利亚第一王朝最后一个统治者，在反叛者围攻王宫之时，命人杀死他的宠妃、坐骑，把宫殿、珍宝和他自己一同焚毁。
[2] Jacques Rolla，缪塞诗中的人物，一个上层社会的浪荡公子，为了与姑娘玛丽交好，挥霍尽家财后自尽。

VII 霍洛芬斯之恋

情奈瓦尔[1],那么明天又会是谁呢?

我总是用各式各样的面具来掩饰我小资产者的肮脏嘴脸,我所模仿的也不过是我所敬仰的英雄们最粗浅的一面。

我根本不会如他们那样,毒杀自己,或是在决斗中定生死。

如果不是戴着面具,或戴着可以让事物变形的眼镜,我怎敢直视自己。

我的生活是如此的平庸,平庸,平庸。只有我自己看来波澜壮阔。内心中,我只忧虑两件事:死亡和肉体的痛苦。单牙痛即足以让我辗转难眠,就更别提那些精神上的苦痛了。

通晓这些后,唯一的解决之道就是自杀,这将是我最后要做的事。

(日记,1924年)

在这儿,我特别想到个女人,一个我避免去定论的女人,我不想对她品头论足,如果真要说说,那她应该是鲁克丽丝和朱迪特的合体。之所以说鲁克丽丝,是因为从某种程度上讲,可以将她看作我恶意言行的受害者;之所以说朱迪特,则是因为她体内的一切都带着枯萎与毁灭的气息。另

---

[1] Gérard de Nerval,法国浪漫主义诗人,一生为女演员詹妮·科隆所着迷,四处浪迹,最终在巴黎一个街角的窗格自缢身亡。

外，她身上还有着某种拉辛式的东西，于是比起鲁克丽丝和朱迪特，我更想将她描绘成菲德拉[1]。

我们的命运只曾短暂交会；我们间的关系极其有限——甚至只是刚刚开始——然而，这次相遇却以一种极为尖锐的方式给予我启示，让我勉勉强强地继续我的写作。同样也让我意识到自己进退两难，处境困乏，我没有任何可能去为自己虚构神话，或编织我们总是涉及其中的难以置信的传奇——我们是如此热烈地渴望真诚——而只有那些神话和传奇可以让生命得以延续。

我在这儿向她倾诉，只因为她并不在这里。（如果不是写给一个缺席的人，我们又能向谁倾诉？）正是由于彼此疏离，这个女人与我的乡愁渐渐混合在一起，渗入我和我的思想之中。她并非什么爱恋的对象，只是个忧郁的实在，是所有我思念的形象——偶然却又恰如其分——也就是说，所有我渴求的，触及自我表达的急切需求的形象，我把它们组织成还算有说服力的话语（尽管我总觉得说服力有限），并将之落实在纸上。缪斯必须是个死人，是个无法接近的、缺席的存在，这个想法深入我心。诗学的大厦——就像火炮，一个由青铜环绕的黑洞——只能奠基在

---

[1] Phèdre，希腊神话中米诺斯和帕西法厄的女儿，忒修斯的妻子。她迷恋忒修斯与希波吕忒所生的儿子希波吕托斯，她的示爱并不为希波吕托斯所动，因此绝望自缢，但在遗书中反诬希波吕托斯猥亵她。忒修斯不辨真伪，求海神波塞冬派海怪将希波吕托斯的马车惊翻，希波吕托斯被活活拖死。

缺失之上，写作的根本目的就是为了填补空无，如果不是这样，那它至少也该被置于（相对于我们自身最清晰的那一部分而言）这个无底洞口。

发生在我与这个女人间的貌似艳遇的那些事中，有一件仍让我记忆犹新，伤感不已。所有的朋友都知道，我是个啰唆的忏悔专家；或者说特别是当我面对女人时，羞怯促使我袒露自己。独自和异性相处时，我常常感到孤立无援，如坐针毡，我费尽心机也找不出与对话者交谈的由头。如果我真的对她有所企图，那我就更是不知该如何应对，如何献上殷勤了。由于无话可说，我便只能谈论自己；可我越是谈论自己，气氛就越发紧张，我甚至突然间就能在我与我的交谈者间引入一条悲剧的洪流，因为，我越是不知所措，就越是不知所措地谈论自己。这种困境建立在一种与世隔绝的孤独感之上，而我并不清楚自己写就的这出悲剧是与真实中的自我相关，还是一时恐惧的臆想。自从一开始与人接触，自从不得不用某种方式与人交谈，我一直屈服于这种恐惧。我就是这样，在女人面前难掩自卑；即使相互钟情，也需对方先伸出手；在这两种力量的角逐中，我从未试图扮演雄性的角色，我始终是被动的一方。当我任人摆布，去接受那些无论是否合我心意的机会时，每一次我都对自己沾沾自喜于被动接受而不是主动选择而羞惭不已。无论爱与被爱，我一直被自己的软弱和虚假所萦绕。

正是这次情感冒险——得益于这个女人将我置于其中的苦痛折磨，我最终发现比起她的美丽动人，她身上更多的是让人生厌的自负——让我清晰地看到自己在厌恶与怀念之间不断地左右摇摆：我对自己的厌恶几乎让我去寻死（面对来自外界的，哪怕是极微小的威胁都会让我全身颤抖），去爱那些自己不能拥有的人（甚至更糟糕的是爱那些自己已经拥有的），总想置身于别处；钟情于那些特殊、奇异、难以应付的人和事，然而又会突然决绝地远离它们，变得不屑于这种眷恋，因为觉得这最终不过是某种别致的趣味。就像是养兰花的人总钟情于异域奇品，我钟情于那些未知的国度（想象中那里的人和事总是更加温和）、那些奇思异想、那些未曾碰触的女人——或是带着虚假的轻蔑说她们还太过稚嫩，或是以无法接近为由抗拒诱惑（有效而惯常的借口，一句"无法接近"便能抵消所有反驳）。这一切都是为了掩饰我对生活的恐惧——这是我极力逃避的唯一真相，因为这真相如此直白和无趣。

除了这样一些交往——这样的交往很少，几乎说不上"一些"；也除去那些暧昧的友情、打情骂俏和纯粹的付费性爱，我的情感生活极其贫乏，这其中仅仅有两段让我难以释怀：前者持续了四年，是与我上面谈到的那个有着英国姓氏的女人，另一个就是我已延续十年的婚姻。

凯 伊

我遇到凯伊（我将这样称呼她）时，她正在离婚。她是我爱情的启蒙者。这段恋情与我热衷跳舞的那段日子搅在一起。一切开始于我对英国时尚的追捧，疯狂的夜游生活。那是"大战"之后，我想，所有经历过这种私人舞会（surprise-parties）的人都应记忆犹新。

1918年11月11日之后的几年，民族融合，阶级消弭——至少在有产者当中是这样——以至于大部分私人舞会中的年轻人成分混杂，绅士与盗贼经常共处一室。他们花天酒地，感受着惊人的自由，舞会通常被即兴安排在某个陌生人家，参加舞会的人大多互不相熟，更有甚者与所有人都根本不认识。

这类聚会的损失在所难免，偷窃也时有发生。或是因为捣蛋或是因为纯粹的不小心，那些未熄灭的火柴、仍燃着的烟头或是四溢的香槟经常会被丢洒在钢琴上，更不用说那些倒霉的酒杯、地毯、碗盘，甚至珠宝首饰了。一个犹太银行家的太太就是这样被洗劫一空的，女儿们伙同朋友在宅邸中组织了一次私人舞会；一群陌生造访者离去之后，彬彬有礼的母亲发现她的首饰不翼而飞，而留下的只是床笫欢爱的痕迹。

那时，一些青年男女以混吃混喝著称：他们对所有的舞会都伺机而动，一闻风声，便倾巢而出、鱼贯而入；他们并不混入舞池，对其他人也置之不理——他们通常两手空空而来，极少带什么吃喝——把舞会的吃食一扫而光，然后一走了之；以至于这些人的恶行暴露之后，房主不得不在冷餐会周围安排可以信赖的看守或警察。

那些舞会上的爵士乐就是在"大战"结束的前一年传入法国的，事实上它与现在我们所听的爵士乐大为不同。乐队编制中没有铜管乐器，除了钢琴和鼓，就是一些维持节奏的弦乐器：像班卓琴、低音贝斯；而且由鼓手控制的演奏，几乎从头至尾让人紧张窒息。即使是今天听上去最激烈的音乐，也与当时那些如同着魔一样让人挥之不去的节奏相差甚远；那些音乐并不精致，甚至可以说粗鄙，且无甚新意。但我可以肯定地说，除非是今天的我感觉迟钝影响了判断（因为距离我所描述的那个时代已经有大约十五年了），当时的那种让人狂迷的爵士乐，尽管还有待完善，也足以让今天那些"艺术的"、造作的爵士乐手汗颜。今天的音乐中，只有在极少的情况下，还能见到那种极度兴奋的巴洛克式的自由放任。

战后大放纵的时代，爵士乐成为一个召集的信号、一面狂欢的旗帜、涂抹时代背景的色彩。这音乐表现奇异，它释放影响的方式堪与灵魂附体相比较。除了它，没有别的什么能标示那狂欢时代的真正意义了。如同某种宗教，人们通过舞蹈、或隐或显的色情和酒精聚集在一起，在各式各样的聚会中，这是抹平人与人之间隔阂的最有效的方式。搅和在疯狂的热带气息当中，爵士乐让我们嗅到文明终结时的朽臭气味，发现人性对机械的盲从。至少我们当中一些人的心态可以充分地表达如下：战争结束后有意识地去道德化倾向；天真地震惊于生活的舒适安逸和文明最后的狂飙突进；对当代世界外表的偏爱，当然我们也察觉出这外表下混杂的虚空；放纵于那顺应现代节奏的动物性愉悦；对崭新生活的隐秘向往，在那里，野性的天真将占据一席之地，我们被无形的欲望吞噬。爵士乐是黑人（nègre）文明在西方世界的首次展示,这有色的伊甸园神话将把我一直带到非洲,我将穿越整个非洲并最终成为一名人类学家。

正是在爵士乐战栗不安的特征之下——这音乐看似浅薄,却笼罩着一层隐秘的乡愁——我和凯伊被撮合在一起,她也是我第一个真正了解的女人。

在舞会当中,在林间大路漫步时,以及各种社交场合上,我认识了许多年轻姑娘(法国人、英国人、北欧人、希腊人、南美人),其实我有着不少与她们调情的机会却很少去做。首先是出于羞怯,其次也因为某种浪漫倾向,我毫不怀疑自己心底深处的多愁善感和对柏拉图之爱的向往。战争结束时,我勉强通过了高中毕业会考,到了去选择一种职业的年纪,但没什么能引起我的兴趣。父亲曾梦想让我去学理工,之后,我又被一个朋友鼓动去学化学,但不久我就宣称对所有精密科学的不屑,因此既不去实验也不怎么阅读,根本不想去拿这样的学位。唯一让我印象深刻的职业,或者说是个标签,那就是:进出口。在我的想象中,干这行只需要往世界不同角落发一些打印好的信笺,洽谈一下有关铜条、棉花和威士忌的买卖,便可以大笔大笔地赚钱,而且方式足够优雅,足够盎格鲁—撒克逊风范。我就认识这么个男孩,倒卖美国货生意做得风生水起,我对他的衣着,对他自由地出入高档酒吧羡慕不已。总之,我一事无成,只是坐等一段可以改变自己现状的情感冒险,将我从深深的无聊中拖将出来,这无聊掩埋了我所有开发自己天赋的欲望。

在这一阶段的末尾——我的生活是忙乱外表下的虚浮无

聊,然而随之忽然出现了一波抚慰无聊的浪潮——我投入疯狂的夜游生活,与我形影不离的伙伴是一个有着一半英国血统的高中同学。我重新见到他是在一次晚会上,他瘦骨嶙峋,过早地为结核病所累。另一个是同样在舞会上结识的比我们略大几岁的姑娘,她当时是个大学生,家境富有而宽松。对跳舞的热衷将我们牵在一起,我们都有着某种趋向纯粹的口味,蔑视与性有关的事,视之为粗鄙低劣,极苛刻地审视生活,仅有少数的情感关系被认为可以接受。既充满激情又绝望般冷淡,我们间的这种奇怪的、爱恋般的友谊可谓典范。我们终日厮混在一起,从一大早,两个或三个便汇聚在一处。白天大部分时间我们都在巴黎闲逛,去吃冰激凌或是去舞厅,晚上,我们便赶去那些私人舞会,或跳舞俱乐部,在那儿加入上面提到的骗吃骗喝团。那个时代,所有人都穿瘦腿裤和尖头皮鞋,把自己搞得像美国人,我和我的同伴对此也趋之若鹜。在舞姿上,那时我们最专注的就是去模仿希米舞(shimmy)的经典动作——拼命地抖动肩膀。

午夜,我们漫步于林荫路,在路边的长凳小憩,然后漫无目地游走。女学生声称她爱上了一个她想以身相许的男人。这男的是我同学的亲戚,我们便一起为她谋划。她并不缺少魅力,尽管有些轻微的跛脚,此外她好像一只夜间出没的鸟,可以一眼圆睁一眼紧闭。这也许是我们叫她"猫头鹰"的原因?同样,我的同学也有个绰号:"大头针",因为他头小身瘦,肩膀单薄。

"猫头鹰"多少有些谎语症。她热衷于那些秘密的交谈、复杂而神秘的故事和所有可以带来浪漫存在感的幻觉，而这种浪漫只有少数幸运的人才能拥有。她总是抱怨她母亲，让我们觉得那一定是个后妈，她甚至还编造出一个同父异母的妹妹，比她漂亮，整天以挖苦取笑她为乐。比如，忽然拉开她浴室的门，对着她的裸体大叫"维纳斯！""猎手狄安娜！"这个讨厌的妹妹显然说的是反话，目的是想嘲笑她的跛足。

我们之间并不存在什么亲密的举动，多是谈论理想的友谊、对世界的绝望和圣洁的情感。然而女学生并不掩藏她的同性恋倾向，也许是为了解释她缺乏对于男性的魅力，她时常对我们说："在我看来，没有什么比一段女人的手臂更优美的了。"

我们沉浸在一些唱片的忧郁情绪当中，应该是些来自夏威夷的音乐。我们有时也模仿滑稽的死神之舞（macabre），就像在"大战"中，高中时代，我和伙伴在考卷和绘画本上的涂鸦。我们经常会画一些考究的骷髅，穿着普通的衣服或奇异的制服。这都由于我们对那些罕见的、奇怪的和我们称之为"另类"事物的顶礼膜拜。我们很早就对那个苏格兰军官的英勇行为崇拜不已，他向敌方的战壕踢去一个皮球，作为邀约球赛的号角[1]。休战之夜，我头晕目眩地置身于一座

---

[1] 第一次世界大战期间，一次离奇的"圣诞休战"。当时德军和英军在比利时的圣依翁小镇上恶战一个多月，然而在1914年圣诞节这一天，双方选择停战，士兵们走出战壕相互递烟和聊天，还踢了一场足球比赛。

小剧场中,就在临近的几条大街。这剧场前后就是夜游者们聚集的胜地,那种令人赞叹的"另类"在他们中很容易见到:一个时髦的男孩,醉醺醺地被安置在走廊上,他在"大战"伊始便丢了条胳膊,而如今他手中拿的就是那条胳膊的骨头做成的手杖,他有时将手杖抛向人群,而观众又狂笑着把它抛将回来。"另类"就好像是个信号,一小撮人通过它相互辨识,聚集在一起。它既存在于英雄层面上,也存在于日常生活中(比如:用路旁的煤气灯点燃香烟,用拐杖勾倒匆匆忙忙上厕所的人,带着极冷漠苦涩的表情开一些恶劣至极的玩笑)。总之,它就像一个秘密社团的标志。

如果不是第四个人介入到我们中来,加入我们的游戏,我不知道"猫头鹰""大头针"与我三人间的亲密关系会持续多久,尽管这第四个人既非处男也非苦修者。这个男孩身高马大,相当粗俗,或者说粗鲁。战争快结束时才应征入伍,却自诩为我和"大头针"的前辈。我们间并没什么纷争,只是相貌和举止上的分别。"猫头鹰"将他和我分别叫作"野兽"和"仙女"。也许"猫头鹰"并没有意识到,但在他眼中这已是殊荣。其实,在我进入高中前所上的那间小小的初级中学,在课堂上,我的同学就给我起过一个很女性化的绰号:"吉普缇丝"(Gyptis),这是个在马赛城的起源中扮演重要角色的姑娘,出现在我们拉丁文练习提到的故事中。

远在我与凯伊的交往将这一切彻底打破前,新元素的介入就像个污点,像一个我们友谊契约遭背弃的标志,让我们之间的融洽陷入了困境。

就我来讲，我对新来者没一点好感：这类魁梧的、"为女人而存在的男人"让我作呕。我自问，是否某一天他和"猫头鹰"真的发生了性关系而摧毁我们间相互维系的平衡。但从情感上来讲，我也满怀嫉妒，因为我无时无刻不感到这个女孩与我的两个雄性同伴的亲密远胜于我（在我们这个小团体外，"大头针"与他本就是朋友，而且还有着我从没搞清的亲戚关系）。事实上，在他们仨之间存在着某些我所不知的秘密。至于女学生所期待的婚礼，"大头针"和新来的同伴全都直接卷入其中。

我尤其伤心，看着我们间的关系起了变化，隐隐约约地感到所有的这一切都不再能维系下去。但我却并未料到，是我自己率先与他们分道扬镳的。

有一回，没什么具体的理由，仅奉纯粹之名，我试图结束自己的生命，或者说让旁人觉得我看上去像是要自杀。那是一次晚会后，我们四个出来走在小树林里，我猛地从"大头针"那儿抢过他从学校化学实验室带来的一瓶氰化钾，夺路而去，所幸同伴在我将氰化钾喝下之前追上了我，把我救下。自杀最终以涕泪横流、互诉衷肠收场，然而，一种气氛已将我们笼罩其中。

置身于死神的行列，成为我们不可否认的荣誉，在我们看来，对生命的否定（就像是一旦有机会，我也许会再次去做）也是道德品行的重要准则。对于"大头针"来讲，他对自己将死于肺结核早已心知肚明。至于那个女学生，她已经两次试图自我了断。第一次，在她妈妈家的舞会上，她吞下了一整瓶阿片酊,至少她是这样对我们说的。她只觉得一阵剧烈的心痛,并没导致什么恶果。另一次,"大头针"与我去她家找她,佣人说她出门朝塞纳河奔去。我俩对她去赴死信以为真,再加上对悲剧的渴望,我们飞奔而出去步她后尘。倘真是为了拦住她去实施这个凶险的计划,我们没必要自己也加入其中。

即使我们大部分的时间都消融在琐事之中,即使我们都是舞厅俱乐部的常客,即使人们可以给我们贴上除了"文学"之外的任何标签,但通常只要一首诗不打动我们,它就什么也不是。虽然打动我们的诗常常意味着滥情、简单和空洞。我们对那些可怜的波西米亚人的生活充满热情,他们大多在破旧的小酒馆中讨生活。我们整晚哼唱着他们的歌曲,沉浸在忧伤中,梦想着"真实的生活",只有如此才能赋予这些悲惨的不入流的蹩脚演员以艺术之名。我不敢肯定,但如果说我虚假的自杀企图可以追溯到我们几个人交好的这段日子,我也毫不奇怪。

整日昏天黑地,狂欢纵酒(纵酒这一点,主要是指"大头针"和我),我们之间的对话、私通、秘密和迥异的性格常常会将彼此激怒,甚至反目。很快,我们便陷入一种极度疲惫的境地,这种极度疲惫直接导致了我们的超级敏感。

有一晚,我们到女学生的表妹家跳舞,我的同伴在两支舞(狐步与探戈)间忽然头晕目眩,被护送回家。另一天,在一整夜游荡后,我徒步返家,忽然被某种幻觉(走到楼下时,我感觉有人影在街角晃动,猛地一只大猩猩蹿上围栏)

俘获，觉得自己仿佛站着睡着了。尽管如此疲惫昏沉，我仍不想让自己停下来。如此种种状况也仅是引我们发笑。我还记得，我与女学生一边笑着一边交换关于"大头针"晕厥的印象，他是如此筋疲力尽，我们甚至断言他简直要死了。

我们间有着某种默契，如果哪个男孩有了女友（"野兽"除外，由于他"野兽"的本性，他保有各种权利，不在规则之列），他与我们的友谊便不能再继续，也就相当于一刀两断。这是我们早已默认的事，它让我们预感到，我很久之后才得以验证：爱情是友谊的敌人，所有可延续的情感关系都将导致局面的完全改观。一句话，真正的友谊只存在于青春与童年，那时男男女女还未成双入对，一旦他们坠入爱河，为情所困，爱情将损毁由友谊所维系的秘密社团精神的根基。

我所有的情感活动都只有在这种小圈子中才能找到着力点。除了这种我浸淫其中的朋友间的默契（与黑社会性质的社团有点类似），我并不期待什么具体的爱情，我并不对其他什么东西拥有人性上的价值抱有幻想。然而，在拒绝所有爱的话语，将之设定为不可及之物的同时，我还是感到某种隐约的倦怠。即使，我只是暗地里对爱的启示有那么一丝憧憬，我也渐渐相信爱将把我塑造成一个男人，将成为我过去失败生活的补偿。

我那些挫败的故事简直难以历数：我早早便放弃了对小女孩们最初的朦胧的想法，即使她们随和善解人意。因为我不敢对她们表白，或是我羞于说她们太过稚嫩，我更喜欢和成熟的姑娘打交道，但她们反而把我当作小孩。多次尝试男女之事未遂,最具体的一次,我和一个妓女约会,结果被父亲撞见。我也曾试图在风月场完成我的成人礼而不得,再见到楼下等我的同伴时,我满面通红羞愧难当。一天,一个酒吧的荡妇借给我十法郎,而我如皮条客一样亲吻那令人迷醉的嘴唇。或者,一个晚上,我和另一些男孩鬼混在塔巴兰酒吧门外,一个女士与我们分享她的香烟,这举动把我感动得泪流满面,诸如此类的琐碎事无不滋养着我的多愁善感。我和那些乖巧的女孩仅仅是嘴上调笑(而她们却等着我进一步的行动),顶多不过是相拥亲吻(其中一个很喜欢我,但我没跟她走得太近,因为她的放纵让我担心自己被嘲笑和背叛,不久后,她死于结核病)。我频频地为一些婊子付酒钱,换来的不过是几下敷衍的爱抚。与一群姑娘醉倒在酒店的房间里,醒来后发现自己仍是个处男。像小孩子一样乞求又逃避性爱和屡屡失败的调情。

我无时无刻不忍受着巨大的空虚,甚至从未想象它可能被填满(就像因为没有可以紧紧搂住我的手臂,我常常躺在床上痛哭流涕)。这就是凯伊带给我的,至少在最初的日子里是这样,毕竟,一种值得去经历的生活成为可能,哪怕只是很短的一段时间,感觉空虚被填满了。由于我的被动,与凯伊能走到一起,对我来说真的需要某种特有的奇异氛围。

有一晚,我反常地早早睡去,梦中我与一个棕发女子相拥而卧,她长得好像高中历史课本中的欧仁妮皇后[1]。在当

---

[1] Eugénie de Montijo,法国拿破仑三世的皇后。

时的状态下,这样的梦无疑带给我某种许诺,仿佛天使前来救我。于是,当第二天一早收到一个女孩的来信时,我并不惊奇。数月前,我与这女孩有些交往。虽然,这封信不过是个"接力"游戏中的一环,规则就是将收到的信抄录三份,另寄三人。在信的开头,我们可以知道,这"接力"最初是由一个从战争中侥幸归来的美国军官发出的,它将给那些按规则行事的后续者在九天之后带来"好运"。

我将信一丝不苟地复写了三份,寄给了三个不同的人。我并非多么相信这仪式会怎么有效,只是欣喜于一个久不相见的朋友会想着把信寄我。特别是在这一刻,她似乎猜中了我的抑郁消沉,而想来帮我。

我已想不起来都给哪三个人寄了信。只记得其中一个是与上面给我写信的女孩大约同时认识的。她从度假的海边浴场寄回给我一张明信片,神秘起见,将名字反着签在上面。当然,我马上就猜到了谜底,这让我再次欣喜于人们真的没有将我遗忘在我的孤独里。

我发出三封信的第九天(我一天一天地计数),"猫头鹰"把"大头针"和我带到她一个正在离婚的朋友家,一间漂亮的公寓。凯伊并非棕发,她一头金发,柔软纤细,脸上带着些许高傲,但同时又热情活泼。我后来才知道,她是在一所宗教寄宿学校长大的,年长一些就表现出某种神秘倾向,然而这些在她重获自由之后很难被察觉,如果有,则是那种隐约的审慎和高贵的气质。

我那时疲惫至极,见到凯伊,身体中起了怎样的反应,我都回忆不出了。只记得我们眼神第一次交会便产生了某种默契。我甚至说："将拯救我的就是这个女人！"

我们边喝酒，边聊天。那一晚并没有什么进展，也许是紧张，也许是疲惫？我忽然浑身发冷，牙齿打战。在那一刻，我不确定自己是真的受了伤寒，纯粹器质性的症状，还是在凯伊面前，激动得情不自禁。最可能的是，我成了这恐怖圣祝的猎物，每当我面对爱情时，我总是被这种石化和肢解的感觉所笼罩。

我难受至极，躺倒在卧榻上。大家围拢在我周围，凯伊也在，她悉心照顾我，关怀备至。我感觉好一些，便离开了。当然，我为发生在自己身上的这怪诞之事向凯伊道了歉，并和她相约再见。朋友们帮我叫了一辆出租车。凯伊后来告诉我，女学生将我描述成酒鬼，说我是被过早酗酒的不适所累。

第二次去凯伊家时，又是精疲力尽，或者是我的想象，其实她家离我家不远。我毫不掩饰地拄着拐杖，几乎寸步难行。上楼前，我在街角的小馆喝了一杯咖啡，想着可以稍稍缓解一下，上了楼，就感觉好多了。凯伊很高兴看到我恢复如初，聚会的气氛也特别欢快。那里有我们钟爱的唱片，除了跳舞别无所求，况且，"猫头鹰"无论走到哪儿都将我们称作她的"舞者"。有那么一小会儿，我和凯伊到地窖去取酒，我紧随着她下楼，甚至想亲吻她的脖颈，但终究没敢这么做。之后，晚会的末尾是易装舞会：凯伊穿戴上我的外衣和帽子，拿着我的拐杖，又帮我穿上一条她的裙子，配上各种饰物，帮我涂脂抹粉。女学生和我的同伴也相互交换了他们的服装。我们两对儿就像是音乐厅中的那种滑稽表演，假装着相互挑逗。穿着女装，对我来说并不荒诞，甚至还有几分自豪。所有之于我的窘困都被解除了。得益于易装，我反而放开了手脚。而且，我在这种性别转换中获得了某种快感，它将两性关系转换成游戏，又加入一种轻快的东西。假装讨好我，凯伊将我的名字女性化，叫我"米歇琳娜"，那是我母亲在怀孕时，本以为我是女孩，给我起的名字。"猫头鹰"躺在卧榻上，似睡非睡，傻笑着翻来覆去。凯伊和我起初还像在演戏，慢慢地真的拥吻在一起。"大头针"已经离开很久了，自从上次昏厥后，他变得小心翼翼。

第二天一早，我和"猫头鹰"告辞离开，我送她到家，相互道别时竟像是什么都未曾发生。

同一周，一个类似的晚会上，这次我们只是跳舞，并未易装。我觉得我们又找回了在跳舞俱乐部的感觉。这晚，凯伊戴了一顶之后我们开始相恋的那段时间她常戴的帽子，使她看上去像只天鹅。我们的另一个同伴"野兽"也在场，我嫉妒他，甚至有些害怕他会凭着自己的手段将某个人蒙骗住，而这个人早在异装舞会那晚就将自己许诺给我了。幸好他并未下手！当我们离去时，凯伊低声对我说，我可以悄悄回来，门虚掩着，一推就开。我和朋友们一起下了楼，沿着街走了一会儿，就随便找了个借口（一个不会让他们产生任何联想的借口）脱身折返凯伊家。她等在虚掩的门后，穿着睡衣，已经梳洗完毕。我们躺倒在卧榻之上，蜜语缠绵，相互激情地爱抚,然而,梦寐以求的时刻来临时,极度的兴奋让我完全没法勃起。

这事发生在1919年8月7日,我18岁。几天之后,我真正失去了童贞。凯伊,有些吃惊,但她并没有把我的不举归咎于羞怯,而是更多地归咎于酗酒和疲惫。

此后八天,高歌凯旋:世界已不是原来的样子,我遇到一个仙女,她幻化了一切,我感到一种不可思议的精神上的迷醉。就身体来讲,我从未有过如此的激情:精力无限,仿佛我的存在就是孜孜不倦地给予,没有什么比给予的幸福更吸引人的了。然而,我并不太在意自己的快乐,快感已不再重要。尽管有时我也会假装出兴奋,但真正让我陶醉的却是这出戏所散发出的诡异的芳香,我演得清晰透彻,不会被自己蒙蔽。淫乱中的禁欲主义,占有中的无私给予,享乐中的自我牺牲,正是这些看上去自相矛盾的想法时时刺激着我。无需多久,我便不必假装什么,可以随心而行,沉浸在快感之中,渐渐地,将肉体和情感捆绑在一起。在这段持续了四年的爱情被完全侵蚀前,我们发明了一整套私密的神话。恋爱伊始,我便自然而然地与朋友们("猫头鹰""大头针")渐行渐远了。

这段爱情的分崩离析中,混入了各种难以忽视的因素,虽然其中至少有一些我不知如何开口将它们揭示出来。

首先是倦怠。简单而纯粹的厌腻,渴望改变。爱情意味着一种事实上的自我否定,虽然唯它能使主客体相互重合,它是通向神圣的唯一方式，只要这神圣之于我们是个外在而陌生的世界，它就代表着我们所垂涎渴望的东西。爱情持守着神圣，同时将其世俗化，最终又予以摧毁。在这个过程中一点点地剥离掉陌生感。持久之爱，也就意味着一种用很长时间消耗尽的神圣。在原始的性爱中，一切都更加直接和明确：为了欲望保持新鲜，要不断地变换对象。不幸的那一刻开始于男人不再想更换对象，而希望神圣在他臂力所及的范围里驻留，更甚者光是对神圣的崇敬已经不够，他想要成为自己的上帝，也成为别人无时无刻不崇敬的神。然而，在两个相对而言相互崇敬的神圣存在之间，除了亵渎与败坏，我们什么也做不了。得救的唯一可行的希望是：爱被献祝给一个足够个性化的造物，尽管可以不断地接近，而且事实上我们已经拥有，可我们就是永远无法到达这个认知的极限；或者是这爱天生足够妩媚，对你深情脉脉，让你恐惧它随时随地都可能离你而去。

其次是死亡的念头。思虑着这个长我几岁的女人终将香消玉殒，而且我在此念头中愈陷愈深。在失去童贞前，我从未为衰老而忧烦。这挥之不去的困扰恰恰来自于性行为。直到一段时间之后，相对于身体的衰老和丑陋，性爱之于我已变得微不足道。我不厌其烦地关注着自己身体的细微变化。我达到一种神秘的状态，以死亡之名贬罚肌肤之爱，而不敢明白地承认自己的厌腻。正是在这段日子里，我开始迷恋上诗歌，它对我来讲如同一个避难所，一条逃避衰老直达永恒的途径。我重新找回一个只属于我的自在而封闭的领域,即使是我的爱人也没办法插手进来。

我逃避到现实之外的愿望是如此之深——为自己打造了一个不可侵犯的庇护所,无论死亡还是情人都无法烦扰我——我甚至将这愿望引入到一些触及日常生活的规划中来。比如,我对凯伊说,我希望和她生活在一所房子中,大部分陈设都是障眼法的假象:假的壁炉里燃烧着假的柴火;座椅和卧榻画在墙上,我们席地坐卧,被并不存在的仆人围绕。唯一未被说破的(也是我暗中向往的),就是和我生活在这栋房子里的这个女人也并非真实的存在。

凯伊被我的话激怒了,她肯定已经察觉到此中的真正缘由:我对她的冷漠,她嫉妒我为了文学上的野心所搭建起新的友谊,指责我太过知识分子。很自然地,我越是疏远她就越是表现得与她更亲近,模仿以一种足够的谨慎和优雅的方式去爱,也就是说,试图掩盖掉我已不爱的事实。

从我们的奇遇伊始——甚至在凯伊所呈现的形象代表了死亡之前,而这形象十多年来未曾改变——即使以一种最温和的方式,我已感受到死亡的忧扰。我曾在相恋初始的某一天早晨,躺在凯伊的床上对她说:"我想和你死在一处。"这句话应该是我此生说过的,最温柔的话语之一。

在死亡这近乎宗教般秩序的严苛中(比如,我曾经长时间盯住一张教堂墙上的圣像,徒劳地希望她活起来,眨动双眼,或是给我某个自成奇迹的信号,这可能是我童年虔诚的最后一丝痕迹),两种别的元素混杂进来——恐惧和羞怯——它们让我渐渐发现爱情中虚假的和被高估的一面,它们也是致使我们分手的重要因素。

恋情刚刚确立不久的一个晚上,我照例去接凯伊从她父母家吃晚餐回来,我们被一个醉酒的工人尾随,他说了些在我看来侮辱凯伊和我——作为凯伊的情人——的话。我转身质问他,带着一种年轻的小资产阶级被体力劳动者的粗鲁所冒犯后的可笑作态。他疯了一样冲向我,挥舞着拳头,我则本能地向后退缩。凯伊担心我吃亏,拦在我们中间,用手中的雨伞将他呵退。事情到此为止,而我却羞惭得无地自容。

还有一次,凌晨两点,我离开凯伊步行回家,遭遇了抢劫。我走在左边便道上,没注意右边便道两人擦身而过。忽然,又有两人迎面拦住我的去路。这时,之前的两个人穿过街截住我的退路,每人擒住我一只手臂,迎面的一个掏出手枪抵在我胸前,另一个开始在我身上摸索,说:"闭嘴,老实点,我就不会杀你。"我一动不动。那是夏天,没穿外套,我清楚地感觉到冰凉的枪口抵着我的皮肤。就像他们说的,四个人抢了我的零钱和镶银的钱夹,但将证件留给了我。"滚吧!"他们嘴中嚷着,自己却一溜烟跑掉。事情发生得如此突然,之后我才真正感到恐惧。我继续往家走,快到时碰到了几个我认识的年轻人,就讲给他们刚刚发生的事,我原想就此算了,他们却劝我一定要去报警。第二天,我来到警察局,一个警察,胡子刮得精光,带着粗链手表,对我宣布他将负责这起案件,但随之又嘲笑我说:"小流氓……你怕他们的手枪？那枪根本就没装子弹！"我觉得自己又一次被羞辱了。

每晚在凯伊家度过，然后半夜返家，我从未想过会遇到夜间打劫。尽管我一直都是个夜游者。然而，从这时起，走夜路的恐惧让我在凯伊那儿所获得的乐趣大打折扣。这并没影响我们的关系，但我渐渐习惯坐出租车，尽管我总是不能原谅自己不走路回家，不能用对凯伊的爱战胜这恐惧（就这件事来讲，恐惧不过是种幻觉）。一晚，我父母不在时凯伊来我家，我甚至希望她早点离去，因为想着要送她回家，可自己又没钱坐车回来，只能步行。那晚，我回到家，把自己关进浴室，为了惩罚我的恐惧，用剪刀割伤了皮肤。

另一方面，羞怯也同样让我痛苦难堪。我家人（或是亲戚朋友）因为见到我和凯伊在一起而嘀嘀咕咕。我便不愿意再与凯伊去一些会撞见他们的地方。此外，她在离婚案中被宣告为过错一方（显然是受我牵连），经济来源一下子减少了，且不得不放弃原有住所，我们只好在旅店中见面。然而，即使是简单地订个房间共度一日时光，也会让我不知所措，这常常毁了我们的约会。我的爱本身并非廉价的琐碎小事，而是我无力去爱，过于怯懦，不值得被爱，这种想法在我身上愈演愈烈。

直到我去服兵役——以完全的顺从，去寻找最大可能的自由，与其说成为意志坚强的人，不如说变成个白痴——我告诉凯伊要娶她为妻。我家里也没人反对。然而，当我如此决定时,我觉得自己将陷入一个无底的深渊。我要选择个职业,为这个比我年长的女人早出晚归,我们将永不分离。我将不再有情感上的自由,将在困苦艰难的境遇中无奈挣扎,我还必须放弃诗歌创作——因为诗歌构建起一个不受凯伊控制的自足的空间——而我对诗歌的投入近乎疯狂。总之,我不会因兵役而得到解脱,只会为自己套上更沉重的枷锁。

新生出的对艺术的好奇,在我看来艺术的最"现代"的表达,将我吸引去欣赏俄国芭蕾。看过《彼得鲁什卡》[1]之后,我便将自己比作这个木偶,在画满星星的牢房中,被打倒前挥舞着拳头,屈服于并不存在的高墙。

我近乎卑鄙地扼杀掉自己的踌躇不决,至于我在凯伊离婚中扮演的负面角色,我对自己说,这和我无关,其实,是她"勾引"我的。然而,我又对这想法羞愧不已,因为我还执着于这爱情,并想着如果我真正去爱了,任何诸如此类的考量都不会让我退缩。

去服兵役前一年,父亲去世了,那天下着雪,死是由一次外科手术引发的。他一直喜爱音乐,临终前还要我哥哥给他用小提琴演奏一段钟爱的曲子。一两天之后,他说看到了很大的雪,"希望能有成堆成堆的雪",他在与母亲相互对视中死去。这过去不易感知的深爱最终展现在我父母之间,让

---

[1] *Pétrouchka*,是斯特拉文斯基(Igor Stravinsky)在1910年,第一次世界大战的前夕创作的芭蕾舞剧。舞剧是以三个木偶为主要角色。

我更加觉得自己卑鄙无耻，在这之后，我下定决心结婚，虽然这与我真实的愿望相违背。

我和凯伊关系的破裂源于我想和几个新朋友一起去度假，凯伊对此心怀不悦。一天，在布洛涅森林中散步时，尽管心中混乱不堪，我还是主动向她宣布已不再爱她。

霍洛芬斯的盛宴

几个月后，我服兵役归来，喜忧参半，因为知道，如今我已到成人之年，可以无所事事的时代一去不复返了。我遵从感召——放弃我之前追求的那些空泛的科学研究——甚至没有和接纳我的教授告别就离开了我效力的化学实验室，我决定全身心地投入到文学中来。

准确地说，诗歌代替了我与凯伊分手后深陷其中的忧郁冥想。我不再相信任何东西——哪怕是上帝，或是另一种生活——但我对绝对和永恒却情有独钟，认为通过词语的抒情应用，人可以幻化一切。我承认想象的绝对重要，它是真实的替代品，它是一个我们可以任意创造的世界。在我看来，诗人就像预先命定的人物，以造物主的方式来履行改变宇宙精神的巨大工程的职责，只有如此，他才被赋予感知真理的能力。我相信通过词语侦测思想，从一个意外的言语的震惊到另一个意外的言语的震惊，我们便可以越来越接近地勾勒出绝对，凭借着向所有方向引爆的新的思想，最终拥有绝对。诗人在我看来也必定是个被诅咒的对象，注定将承受永恒的孤寂，他将始终如一的饥饿作为唯一的精神动力。而这饥饿来自于一种对自己完全的、无可救药的不满。

我曾天真地认为，真爱毫无疑问是可以实现的。也许，在所有其他事情之前，我已经在这样一种态度中找到了合适的办法去消除我的执着？如今我觉得自己独舞似乎更好一些，我致力于丢掉所有的假面和伪装，尝试着将一切缩减到它适合的比例。

我守持禁欲苦行，将对诗歌的激情放置在一切之上，除了对酒精放宽禁忌。我曾将酒精当作神谕察看，视它作引发谵妄的工具，一种能将我们从真实中分离出来的猛烈毒药，虚幻地赋予我们某种英雄般的力量和半人半神的不可捉摸的神秘。

我自认为绝望至极，对自己来到这世界愤怒不已，反抗所有物质世界的法则，咒骂地心引力、物质的阻力和季节的变换。很久之后，随着心智上的成熟，加上走过的不少弯路，我渐渐地由这种无休止的反抗——说拒绝更合适——转到政治性的革命上来。我并不完全承认，是死亡而不是自然和社会的法则为我们设定的身份引发了我对抗生活的狂怒；我隐约地希望诗歌的奇迹介入进来，改变一切，我可以在词语的帮助下战胜命运，活着进入永恒。与此相反，同样在我身上，显现着幸福却暗暗无声的图景，这纯粹人间天堂般的幸福在我童年时就告诉我，爱情忠贞不渝的重要。我在内心最深处坚守这静谧平和的乌托邦，它就像埃皮纳勒图画中描述的那样。如果我成为被诅咒的诗人，事实上可能比这还要严重，因为我对这幸福固有的蔑视，会使我被毫不留情地拒绝在伊甸园之外。

一直以来,我十分在意我的穿着,近乎偏执地审视自己的穿戴打扮。我尽我所能地追求一种英国时尚,对精致和暗灰的风格情有独钟——看上去有些拘谨,仿佛丧礼上的装束——我自以为这种风格适合我的气质。

因为被剃刀刮伤,皮肤经常发炎,我常常往脸上扑粉(大约从我十五岁时开始),就像似乎要用一种面具掩盖掉什么,又像将自己塑成一具面无表情的石膏像。施粉就仿佛是一种追求矿化的象征性企图,一种对抗内在懦弱、对抗风化剥蚀的防御性反应。我还曾想为自己制作一套盔甲,将外在的自己打造成如我追求的那种诗意般坚硬。

我在文学上的尝试,至少是在某个侧面,总标示出那种硬度,这些装饰性的细节恰好符合了那种我从未远离的"另类",也展现出我的冷漠倾向。同样,有一段时间,我手掌上常勒着一段细绳,好像手环。我西服的衣领上常别着一截铁丝,类似丝带。同时,我钟情于通过打破或是混淆界限将自己融入这个世界,梦想将自己的身体文满星体,通过它们在我身上的再现来描绘这种将微观世界与宏观世界相融合的努力。后来,我在理发时,还请一个画家朋友用剃刀在我头上刮出一道痕迹,从脖颈开始一直延伸到前额,类似原人亚当[1]或是某个星座,那种我希望成为的几何图形。

---

[1] Adam divin,在犹太教神秘哲学卡巴拉中,宇宙的形成源自分裂的原人亚当的身体。

Ⅶ 霍洛芬斯之恋

尽管将这种思辨的角色赋予了诗歌，我同样可以在运用语言的过程中感受到一种肉体的愉悦——品尝着词语的口感和味道，将它们像吃水果一样融化在嘴中——这种愉悦，以我关注的次序讲，甚至要高于性特有的愉悦。从情感的角度看，友谊对我来说就足够了——理想的秘密社团，相互亲密的联系，同样的视野、生活和工作，我们聚会在简陋的画室中，发霉的墙壁，臭虫密布，但至少这阻止了我们的睡意，使我们的交谈得以延续。这些朋友中，一个可以称作我的导师[1]，另一个对我心智的成熟起了决定性的影响[2]，我找到了一种来自精神共同体的非凡氛围，就像之前在我与"大头针"和女学生之间存在过的，只是更加合理和有建设性，也更加激烈。与此同时，我也真切地感受到一种对我来讲全新的事物：贫乏。

我与凯伊的关系终结了我的第一段友谊，同样，我的婚姻——虽然没有将我从新的朋友圈中抽离——也深深地改变了这一氛围，直到今天这种改变仍然让我痛苦不堪，在低迷沮丧时，我每每将其想象成无法找回的伊甸园。

这是我文学生涯的开端，我将给出一个简略的概貌，因为我至今仍深深地介入其中，以至于无法有甄别地、冷静地对待它。

---

[1] 这里指诗人马克斯·雅各布（Max Jacob），也就是下面所说的"第一位我结识的现代诗人"。
[2] 这里指画家安德烈·马松（André Masson），下文中经常写作 A.M.。

写作对我来说一直是件十分艰难的事，以至于很长一段时间我都觉得自己成不了作家。第一位我结识的现代诗人（至少我像崇敬阿波利奈尔一样崇敬他）无数次建议我放弃写诗，劝我继续有前途的学业，做个"诚实正直的人"比什么都重要，如果实在想，最多做一个"卓越的爱好者"。他的判断让我心灰意冷，但也无力反驳。我其实并不期待道德上的指引，只希望他教我一些秘籍和方法，如果这能让我企及哪怕是一点点他诗歌上的天才，我也甘愿接受他的恶毒言语。我明白，伟大的艺术家必定要遭受苦难，我对自己舒适的生活甚是难堪，觉得这无疑是我的文学裹足不前的罪魁祸首，我恨自己没有勇气将其完全抛弃。

直到遇见画家 A.M.，我才写出一些可读之物，这一切都得益于他和他画室聚集的朋友们给予我的信任。尽管如此，我的写作也是时断时续，时有时无，一步一步地与难以逾越的艰难周旋。

获得诗的灵感并非易事，它乃天赐之物，而诗人只是一个接受者，他必须时刻保持绝对的纯粹，以他的不幸来换取这份意外的收获。在我眼中，抒情的状态就好像灵魂附体。我曾昏沉、木讷、少言寡语，仿佛只对刺痛我、刮伤我、腐蚀我的东西感兴趣。就像诗歌，折磨着我的内心以及不相关的身体，我童年时便笃信这坚韧灵魂的存在，隐藏于我大脑的某个角落。诗歌灵感的获得与保存需要极其谨慎小心，稍微一点点疏忽就可能将其抹杀。比如随便的一次妥协，一点点执念，面对幸福及罪孽时意志的薄弱。相信诗歌的训练需要巨大的自由和勇气,而且首先应有一种绝对的非功利之心,看淡那些转瞬即逝之物,这让我联想到高比诺[1]的寓言(《亚洲故事集》中的一则),卓越的魔术师要将魔术的终极秘密传授给一个入室弟子,关键时刻,担心遭抛弃而追赶来的妻子打断了仪式,弟子应声回头,功亏一篑。

同样,爱情在诱惑的外表下进入我的思想,它于我标志着一种衰退。然而恰恰在通晓了这些之后——在我心中,爱情已经意味着部分的背叛,或是弃绝的开始——我结婚了。

得益于我为自己生活所确立的崭新方向,一个女孩——家教非常严格——突然出现在我如今介入得愈来愈深的领域。就像是埃皮纳勒图画中秘密地伴我成长的形象的化身或是映象,它能追溯到我童年记忆的深处,追溯到流行歌曲当中,由于这形象悠远传奇,它被赋予了一种震慑人心的魅力。

她身上所受的资产阶级教育让我浑身不适,我惊惧于所有恐惧之事再次回转。此外,我相信如果我结婚那也只是基于友情。我用合乎她的最程式化的方式来接近她,首先正式地请求去握她的手,只以送花送诗去献殷勤,见了面尽量冷漠和克制。于是,她拒绝了我。

很快我便将这不合时宜的冒险摒弃在我钟情的圈子之外。我对自己求婚的失败,不以为耻反以为荣,因为我觉得

---

[1] Joseph de Gobineau(1816—1882),法国外交官、作家、人种学者和社会思想家。

婚姻并不符合我诗人的状态。我一心写作，不久便完全投入到那场现代文学运动[1]之中。

那段时间，我整夜混迹在蒙马特，流连于各式各样的酒吧、夜总会，比如泽利，热衷于所有黑人出没的地方。我有了新的伙伴，我们一边喝酒一边聊高深的学问。烟、酒、音乐、人群让神经极度地兴奋，我们的灵感因此源源不断。很多时候我醉态盎然，比以往任何时候都确信酒精的神奇价值。此外，对鸡尾酒温和的苦涩、香槟落雪的口感、威士忌干脆分明的味道，我也都喜爱有加。在女性看来，我表现得近乎性冷淡者。就像我与"大头针"和女学生在各种晚会间赶场的时代，我仍被一种空虚折磨。然而，每当我听到恰到好处的忧郁的爵士乐曲，或是黑人女歌手的歌声——那喉咙如被鸟儿啄伤，这困扰便化作那种难以言表的情感之源。

午后的时光我们常常在电影院中度过。我们特别喜欢那些多愁善感的美国片，或是情感激烈的电影。这类片子中，一会儿好人失意，一会儿失意的人又重获尊严，在经历过最悲惨的人生后，倒在完美的女人怀里。对于热衷冒险的主角来讲，失去和赎回是一回事。因为在这两者中，冒险意味着相同的激越，它将我们挤压出自我之外。

要知道，圣洁并非我所愿，而是我无法治愈的缺陷所致，或者简单来讲就是我爱之无能的后果。一想到由于羞怯而缺失的恋爱冒险，一想到自己试图与一个大家闺秀缔结体

---

[1] 这里指"超现实主义运动"。

面的婚姻,并以上流社会所有的方式去讨好她,我立刻被耻辱感碾得粉碎。只有成为诗人这一信念让我多少找回些尊严,尽管有着这样那样的弱点,起码活得像个诗人,夜游、做梦、放纵言行,他与世界之间没有什么共同之处,以此标准度量,他注定是个失败者。

我的无力感更多的是身体上的原因,我一侧的睾丸总隐隐地不适,直到现在也没能根治,它让我几乎难以与女性发生关系。这病症由一次极度的疲惫导致。一连几个激动、神秘与柔情围绕的不眠之夜,与我之前提到的同性恋朋友一起,探知一种不确定的取向,这个朋友就是朱迪特的化身之一。

诚然,如果说,相对于我的想象,童年时某些经典神话的主题(从我认知的一开始)就像是一种养料,可以与我后来从歌剧中获得的,如今电影提供给我的相比较的话,我可能高估了神话给我的印象。尽管如此,它们中有两个深深打动我,我后来多次提到:伊卡洛斯的坠落[1]和遭宙斯雷击的法厄同[2],因为他不听父亲的忠告,驾驶着太阳车离地面太近。在一本图画书中我第一次读到法厄同的故事,福玻斯[3]被画得如同盛装的路易十四,我想那就是"太阳王"。有可能,法厄同和他父亲衣着的细节——让我联想到凡尔赛宫,

---

[1] Icare,希腊神话中代达罗斯之子,与代达罗斯造蜡翼逃离克里特岛,因飞得太高,双翼遭太阳融化跌落水中丧生。
[2] Phaéton,希腊神话中太阳神的儿子。
[3] Phoebus,希腊神话中阿波罗作为太阳神时的一个别名。

被置于法国历史的框架内——使得那个我已因深刻缘由介入其中的故事深深地印在我的脑海里。事实上,有太多次我被这个神话所眷顾,它经常被我用来构建梦境。

在我结识这个朋友的那段日子——这个同伴比我更符合堕落天使路西法[1]的变身形象——我幻想着,在才能与命运之外,我所表现出的狂热状态足可以无可辩驳地证明我的生活包含着一些神话中的事物。我自知自己文学手段的平庸,但我还是将自己归入先知的行列,而且对这种弥赛亚式的使命自豪不已,我也相信这是每一个诗人固有的使命。这让人不禁想到伊卡洛斯的翅膀和法厄同的天马。

为了确信自己在空间之外,我们有时在完全的黑暗中交谈,摒除所有物质的联系(就好像我们身处绝对之中,相互凝视,一对一地交换彼此的箴言),我的朋友和我在交谈中愈行愈远,一直到达某种禁忌的临界点,诸如强暴或是渎神。很自然,为此遭受惩罚在我看来是很正常的。每当我遇到身体上的疼痛时,就像我给他的信中写到的:"我遭受惩罚直至我的肉身。"

由于诗人往往拥有神话般的价值,在我看来他们终究要被打入地狱(就像伊卡洛斯、普罗米修斯、法厄同),而正是做一个肝脏被啄食的偷盗者[2]的信念才让我有勇气活下

---

[1] Lucifer,指被逐出天堂前的魔鬼或撒旦。
[2] 普罗米修斯因为人类盗取天火,被宙斯锁在高加索山上,每天遭受恶鹰啄食肝脏。

去，这种信念附属在对远行的憧憬之中，因为我确信终有一天我将"离去"。然而，生殖器的缺陷让我羞辱不堪，就像曾经因头被打破，就认定自己被毁容一样，我对自己说："这叫我如何去爱？"由此导致的无尽的苦恼与不安更让我在情感的软弱和怯懦中越陷越深。

1925年7月初的一天，我总算是完成了周围朋友们公认的一次壮举：一场文学聚会以混乱的斗殴收场[1]，我向警察和人群挑衅般地大嚷大叫，疯狂的人群险些对我施以绞刑，警察拳脚相加将我带离现场。说实话，在行动之前，我猛灌了自己两三杯酒，因为我害怕自己没有那么大的勇气。我在家躺了大约一周，浑身疼痛难忍。这之后有一段时间我被圈子里的人当作小英雄看待，因此，我遭受惩罚的欲望和我通过被崇拜而获自信的需要得到了满足。

为了阻止我萎靡消沉的加剧，我打乱单词表中的词语，将它们按一种诗意的双关重新组合。我感觉可以以此来探索词语中更深层次的意义。整夜无休止地做梦，我便将它们一一地记录下来，认为其中一些带着某种启示，这需要我去揭开那形而上的意义。为了更好地分析，我将它们一段段地

---

[1] 超现实主义运动中著名的"丁香园"事件（La Closerie des Lilas）。超现实主义者们大闹一场由"仇德"人士在丁香园餐厅组织的宴会。"一战"之后，民众中的民族主义、仇德情绪高涨，所以当超现实主义者们高喊"德国万岁！"时，引起了在场的和街上的民众的骚动，莱里斯更是因跑到街上大喊"打倒法兰西！"而遭到攻击、拘留，后由戴斯诺斯（Robert Desnos）将其从警察局保释。

罗列起来，使之成为一种微型小说。为此我辗转反侧，几乎每一夜都惊叫着醒来。有时我梦到，话语与呼吸是一体的，无法分离，我对语言的探索让我失声。有时我又梦到，为了避免我窒息——也就是为了治愈我——我被灌下一种猛烈的毒药，死在极度的苦痛之中。有时我想象着地球孤立于太空之中，但并非一个死球。触摸着地壳，我们可以感到粗糙外表下勃勃的生机。有时眼前出现一个侧影，有点像是金币上戴头盔的罗马人（更像是霍洛芬斯的头，络腮胡子），即使在睡梦中，看上去也如同一个被枭首的死人，或是其象征。

一个奇怪的人物[1]忽然频繁出现在我们的团体中——还俗的修士、冒险家、双重谎语症患者——他最终把我弄得晕头转向。尽管很久以来，我都希望将自己消融在一种自愿自觉的疯狂之中（就如同奈瓦尔一样），我突然有一种尖锐的恐惧，害怕自己真的疯了。为了这些不理智的非人性的愿望，试图——掀起伊西斯的面纱[2]——凭蛮力进入神秘，而遭受惩罚。

一天，我和这个曾经的修士走在大街上，他暗示有人跟着我们，并言之凿凿地告诉我，那人指着他的脊梁说他是个"巫师"。夜晚我恐惧难眠，以至于请求妈妈允许我睡在她身边，我觉得自己甚至有些精神失常。

---

[1] 这里指因爱情而还俗的牧师厄内斯特·德·冈艮巴赫（Ernest de Gengenbach）。
[2] Isis，古埃及宗教信仰中的一位女神，被敬奉为理想的母亲和妻子、自然和魔法的守护神，对她的崇拜传遍了整个希腊—罗马世界。

第二天，我要陪一个女孩去南方，她就是我在一年半前愚蠢地追求的那个女孩。即使如此，我与她家人仍保持着良好的关系，我因此被邀请一起同车去南方度假。乘车旅行成了一种惬意的消遣，我异常放松。她与我，我们相谈甚欢，还没有到达海边，我们已经开始谈婚论嫁了。

事情就这样水到渠成了，这次我仍没觉得是自己征服了什么。我始终是此类事件中的玩偶。我眼眶上还残留着被拳打脚踢的伤痕，就像是抵抗怯懦的标志，它给了我被爱的权利。然而这也是"坏小子"最后的遗迹，他如此乏味地走上了正途。有一件事让这种愚蠢的感觉到达了顶点，那就是我的未婚妻和我只有在婚后才能发生性关系，这让我在海滩的假期和回程的旅途中都倍感自由，我甚至傻瓜似的不想去尝试。

知晓了对孤独的突发的恐惧在这一切中所占据的比例，我暗自强烈地谴责自己丢弃了普罗米修斯的基座，通过一个最为资产阶级化的婚礼重回普通人的行列。我同样担心，由于我所说过的身体上的不适，自己只能做个平庸的男人。我觉得二十四岁的自己已经被未老先衰的征兆所击中。我只有在想到也许我们并不能足够地给予时，才能够去与我的爱人发生关系。因此，在我看来，相对于那个将和我一起生活的人，我所有的行为不过是个卑鄙的骗局，这一切只是在不停地增加我的悔恨，而按照常理，这种悔恨随时会变成简单而纯粹的敌意。

1926年2月2日，我们正式结为夫妻，但我没有邀请我的家人参加婚礼，这也导致了我和家中某些成员关系的破裂，仅此而已，我并未受到其他影响。然而，对于婚姻终将败落的想法不停地困扰着我，现在也不例外。面对这个终日相处的女人，每天不都是一种责难吗？责怪自己没有设置"足够高"的目标，没有能够让自己满足。即使这个女人曾经是我梦寐以求的、值得去爱的形象。

同样，在此之后，我始终感觉自己就像是翁法勒纺车前的赫拉克勒斯[1]，或是被大利拉剃光头发的参孙[2]，但与我更相似的还是霍洛芬斯，他的头颅羞辱地沉浸在血污之中，在发酸的酒浆和浪漫的朱迪特污迹斑斑的裙子之间。

---

[1] 希腊神话，赫拉克勒斯（Hercule）杀死了朋友伊菲托斯，被罚给吕底亚的女王翁法勒做三年奴隶。在服役中，他穿上女人衣服，和侍女们一起纺羊毛，而女王则披着狮皮，手持橄榄木棒监督他。一段时间后，翁法勒给予了赫拉克勒斯自由，并嫁给了他。
[2] Samson，《圣经·士师记》中的犹太人士师，凭上帝所赐的神力，徒手击杀雄狮，只身与以色列的外敌非利士人周旋。后参孙娶非利士女人大利拉为妻，大利拉千方百计套出参孙神力的秘密，于是剪掉他神力之源——头发，并剜其双眼，参孙被囚禁狱中受尽折磨。

Ⅷ 美杜萨之筏

卢浮宫的美杜萨（之筏）[1]，籍里科的杰作（1819年沙龙展）。——艺术家选择了获救前的那一刻。海浪击打着摇摇欲坠的桅杆，最后的幸存者簇集在一处。那位后来出版了海难口述的高利亚伸展着手臂，向倚着桅杆站立的外科医生萨维尼及其他水手们，指出前方地平线上出现的双桅船。一个黑人爬上一只大木桶，使劲挥舞着一块破布。一个老人将自己儿子的尸体守护在膝前。

这幅作品精湛的构图、现实主义的表现力、开阔的布局及光辉的色彩都非同凡响，但刚问世时并不被人理解。画家没能卖出这幅画，于是决定把它运往英国。

美杜萨之筏的悲剧启发德努瓦（Ch. Desnoyers）和丹纳瑞（Dennery）创作了一出五幕剧（1839年在昂必谷剧院上演）。菲拉斯特（Philastre）和冈蓬（Cambon）

---

[1] Théodore Géricault, *Le Radeau de La Méduse*，布面油画，491cm×716cm，1818—1819，卢浮宫。

的舞美布景以及精心的排演使这出戏大获成功。

(《新拉鲁斯图解词典》)

1929年11月，在经历过从夏天开始的各种沮丧挫折之后，(定期夭折的爱情；丢人现眼的烂醉；自我惩罚地将啃咬得血淋淋的自己交到一个旧爱女人手上；在一夜狂饮之后，因为没能跟一个娇小的美国黑人舞女搞在一起，我于是凌晨5点去了一个朋友家，问他借剃刀，半真半疯地要把自己阉割了，朋友哄我说他只有电动剃须刀。)我终于意识到，在所有这些发生的事情中，都有病态的成分，我决定接受精神分析治疗。

我并不觉得自己是性变态，但我已经到了什么事情都做不了的程度，要克服极度的焦虑才能按时写出文章，交给我合作的刊物；我意识到，在这个严肃的领域中，我已经变成了小丑，而不是悲剧演员。我想让自己从这种极其残酷的无能感——既是性无能也是智力无能——中解脱出来，而我至今仍然深受其折磨。

这部记叙之作中有一部分充满了放荡的故事，甚至最不光彩的内容，但对我来说，它们绝不代表任何邪恶本身；它们与失败相关，也就是与那些不惜任何代价解放自己的企图相关，蹩脚又笨拙的企图，从中我没有得到任何愉悦——或只是有限的愉悦——而不是我所期待的那种极限的快乐，那种纯粹、直接的快乐，就像某一天穿过诗人大脑的灵感喷涌或斗牛士闪电般让牛毙命的利剑一刺。

总之，施虐狂、受虐狂什么的，对我来说都不构成"恶习"，而只是达到一种更强烈现实的手段。在爱情中，一切在我看来都太无稽、太平庸、太没分量；必须要身败名裂、流血甚至死亡的惩罚到来，这游戏才算值得。带着身体痛苦的那些实践，尽管在某种程度上赋予了爱情些许沉重，但当我明白它们始终显得矫揉造作时，只会感到厌恶，并且我也不可能把它们推向如同鲁克丽丝那样的自杀结局，或像朱迪特那样的割喉一幕。

通过精神分析，我想把自己从对惩罚的恐惧中解放出来，这种恐惧是空幻的，基督教道德的愚蠢控制加剧了这种终将遭受惩罚的幻觉——我们永远也无法自以为能完全摆脱这种幻觉。一种文明所固有的无逻辑、非人性的习惯所造成的限制也会加剧这种幻觉。文明会杀死它所催生的罪犯，会通过纯粹而简单的毁灭或战争来解决诸如生产过剩或失业的问题。

我先是接受了一年的治疗，情况时好时坏。最初的一段时间，这就好像是在伤疤上捅刀。在一个酩酊大醉的夜晚，我和一个同样酗酒、说英语的女人睡了一觉，她疯疯癫癫的，年纪也不小了。就在干她的时候，我突然冒出一个狂热的想要抢走或扯断她珍珠项链的念头，仅仅是为了扮演一下粗暴的皮条客。在两次搂抱之间，我们又各自喝下一满杯威士忌。我肯定不爱她，但很长时间后我仍然迷恋她。还有一次，在一家妓院里，我被妓女和老鸨大扇耳光，打肿了眼眶，因为我觉得我从一个妓女那里能得到的最本真的反应，就是她对我的仇恨表示。这两个女人很入戏,当她们看到我在冷笑时,打出了最重的一拳,还对我说:"你还想要吗,老傻蛋?"

有一天,在一对我很尊敬的朋友夫妇家(因为她非凡的温柔和他十足的旅行者派头),我遇见一位娇小的外省金发女人。她刚失去一个孩子,正在服丧。我立即决定把她搞到手。其实我根本没什么欲望,她让我着迷只是因为她在服丧。她跟我谈起外省生活的无聊;谈起在布列塔尼被称为"吠女"的疯女人,她们会像狗一样狂叫;谈起通奸,这糟糕的堕落,因为它动摇了"普遍秩序";谈起她最害怕的蜘蛛,要不是这东西,热带国家是很吸引她的;谈起她居住的海港,在那里船主们对"可怜的水手"那么冷酷无情。我只和她共度了几个小时,在出租车里我吻了她的嘴,然后把心慌意乱的她放在一家她要去的布店门口。我再也没有见过她。她没有回复我给她的信,信中我建议她和我私奔。几天后,我喝醉了酒,跑遍了大街小巷和各种商店,一直爬到那些公寓房的五楼去问女房东是否那个女人住在这里。今天,我甚至都想不起她的名字了。

从这些炼狱中走出来,我接受了医生的建议,我自己也认为,没过过严苛的生活是一种缺憾,于是我抓住了一个远途旅行的机会,作为一名人类学考察团成员赴非洲两年。在度过了几个月清心寡欲的情感断乳期后,在贡德尔[1]逗留期

---

[1] Gondar,埃塞俄比亚第三大城市。

间，我爱上了一个埃塞俄比亚女人，她的外貌和精神都符合我心目中的鲁克丽丝加朱迪特的双重理想。她的脸很美，但胸脯已干瘪，她穿着一件通常十分难看的白色长袍，缩首含胸。她身上有一股发酸的奶味，陪伴她的是一个年轻的黑人女奴。她好像一尊蜡像，青色的文身围绕着她的脖子，似乎把她的脑袋抬高了，还有那透明的假领环或古老的刑具在她的皮肤上留下的刺绣般的痕迹。或许她只是我孩童时代在歌剧里看到的被砍了脖子的玛格丽特的有血有肉的新形象，孩童时我从没意识到剧中的玛格丽特是个幽灵。她患有梅毒，曾经流产过好几次。她的第一个丈夫发了疯，现任丈夫曾经两次想杀她。她像她那个部族的所有女人一样被施过割礼，她应该性欲冷淡，至少是对欧洲人。她是类似巫婆的女人，被各种神灵附体，据说她是这些神灵的继承者，并曾经被它们中的几个弄得害病，这样才能在她身上打上被俘获的标记，这些神灵就能不出意外地经常附上她身。一次祭祀神灵时，在命人宰杀了一头白公羊后，我看到她在迷狂中发出吆喝声——处于被完全附体的状态，她用一只陶瓷杯子接着那被割开喉管的牺牲品涌出的热乎乎的鲜血，喝了下去。我从没有和她做过爱，但在这个祭祀场面中，我感到我和她之间建立了一种比任何肉体关系都更亲密的联系。离开贡德尔后，我终于又有了几次性经历，那是在吉布提的卖淫区和几个索马里姑娘。尽管这些性爱或可笑或不幸，我却保留着一种天堂般的印象。

1933年，我回到了家。我至少毁灭了一个神话：旅行是逃避的手段。从那以后，我只接受过两次治疗，其中一次只持续了很短的时间。我尤其明白了一个道理：即使从表面上看有着千奇百怪的表现，我们始终都是我们自己，生命有一种同一性，无论我们做什么，一切都会回到我们试图创造，却命中注定之事上去，这些事情看上去有着不同的形式，但其实不过是无数次地重现。我看上去好转了一些，不再被"悲剧"的念头所萦绕，也不再一想到自己无所作为就脸红。我能恰当地评价我的行为和品位，不再沉溺于怪诞的脱离正轨的行为。但生活仍在继续，就好像我曾经活在其中的虚假的建筑物从根基上被瓦解了，但没有任何可能的替代物。于是，我更明智地行事，但我身处其中的空虚却更加明显。我怀着痛彻的辛酸意识到，只有某种狂热能拯救我，但是这个世界上恰恰缺少一种让我能够为之而死的东西。

在具体的事件中我总是上下浮沉，我被一种非此即彼的选择困住：要么是以苦难和恐惧主宰我、吞噬我（像杀人的朱迪特那样）的现实对象的世界；要么是纯粹错觉的、在我手中分解的、我摧毁它（像用匕首自杀的鲁克丽丝）却永远无法拥有它的世界。或许问题就在于要逃脱这一两难的选择，发现一种别的方式，让世界和我——客体和主体——在同一高度上，伫立在对方面前，就像斗牛士挺立在公牛面前一样。

精神分析给我提供了一些新的材料，特别是把我与父亲因阿波利奈尔的诗争吵的事件与几年后的一个梦相对比。在梦中，我与一个理想的父亲有着说不清的密切关系，他把我杀死了，由于我的一个等同于自我解放、象征着谋杀的举动：取代他并获得他的男性力量，就像俄狄浦斯在杀死了父亲拉伊俄斯后又娶了母亲约卡斯塔一样。我终于更加明晰，朱迪特这个人物对我来说意味着什么，她的形象代表着这个既让人畏惧又令人渴望的惩罚：阉割。

如果考虑到我所接受的天主教教育——主要是禁果、原罪这样的概念（即使我在理智上已经与这种偏见决裂，但我知道它们仍强烈地萦绕着我）——对我整个人格形成所造成的令人沮丧的影响，我终于能够比较清楚地解释是怎样的负罪感（不再是隐藏的，好像手淫、乱伦的欲望可能带来的幼稚表现，而是确实的）伴随着"忏悔"，对我的精神形成了极大的诱惑力——以它的羞辱性，和随之而来的丑闻和裸露——我的举止总是像个"被诅咒的人"，被永恒的惩罚所折磨，他受着苦却一心只愿把厄运推向顶点。很久以来，我从这种态度中获得了一种尖锐而残酷的快感，对我来说，色情必然被置于折磨、可耻甚至恐怖的符号中——这些东西似乎是能刺激我的最强烈的要素，由于它们包含着令人难以忍受的痛苦，只有它们能使我感到自己必须缴清重税、去除自由享乐的权力；只有还清我的债，才能抹去愚蠢原罪的纠缠。

渐渐地，一种近乎乏味的平静代替了疾风暴雨；然而几个月以来，我觉察到自己似乎进入了一个新的地狱，少了一些熊熊烈焰，多了一些平庸狭隘，但同样令人难以忍受。以下是这个意味着"解放"之梦的精华部分，尽管这个梦很荒唐：

1925年5月8日。——我和我的画家朋友A.M.（在现实中，他其实有点像我的精神之父）在非洲军团中。他比我年长，对我整个人来说有着全方位的影响。通过接受一种否定一切价值及道德的虚无主义观念——比我朋友们的观念都更加消极，我把自己置于法则之外，我不再接受任何妥协，拒绝成为朋友们的笑柄（其实是"受苦包"）。我忙着碾碎石子，A.M.向我扔石块取乐，他向我投来的石块越来越大。我尽力躲避并开始回击，大卫和歌利亚[1]的战斗就这样展开了。可是没有大卫幸运，我被一个正中我脑袋的大石块砸伤了，昏然倒下。我的良师益友A.M.刚刚谋杀了我。

这一夜，我哀号着醒来。我至今仍在思忖，这一声号叫所表达的是最深重的焦虑还是刹那间的快感？

*

约一年半之前，我怀着爱慕和一个外国女人结下了友谊，后来我才意识到她在玩弄我。我做了一连串的梦，那些梦在我看来浓缩了很多萦绕我的顽念。开始，我只把她看作一个扮俏撒娇的小女人，直到有一天，我突然得知她有一个

---

[1] Goliaht，传说中的巨人，《圣经》中，歌利亚是非利士将军，带兵进攻以色列军队，他拥有无穷的力量，让所有人畏惧。最后，牧童大卫（David）用投石弹弓打中歌利亚的脑袋，并割下他的首级。

孩子。这孩子好像一个可怕的怪物让我纷乱不堪，尤其是看到她娇弱的身体时。由于我不一定非要躺下来睡觉，我的妻子只得独守空床，这种体恤对我来说并不是什么好事，反而让我更加把自己隔绝起来。从这一堆至少是间接地叠加在一起的梦中，我抽取出以下两个，这是鲁克丽丝和朱迪特的最后一次出现。

女人图案的头巾

在一个类似殖民地的地方，我参与了一桩阴谋，与一个同伴走私违禁品（在现实中，这小伙子是我在一个我所属的政治团体的会议上遇见的）。有两条走私线路，其中一个是分两段走，很长；另一个只有一段，比较短但很艰苦。我们走在陡壁之间一条凹陷的狭仄小路上，满是尘土。时不时能看到路上横陈着一些面具、原始雕像和其他稀奇古怪的东西，但我们不屑把它们捡起来。我们到达了一个肮脏的殖民地村庄：疲软、温暾、潮湿的热带地区，红色的太阳，热雾迷蒙。土褐色皮肤的人走来走去的，胡子拉碴，浑身脏兮兮的。有一个和妻子、孩子在一起散步的胖子，尤其丑陋不堪。然后是一个同谋者和走私犯聚会的咖啡店的场景，接下来，我发现自己坐在一张美式办公桌前（就是现实中我所拥有的、此刻我正在上面写作的桌子）。我耐心地在一大张纸上描绘一些类似于逗号或阿拉伯文的符号，这项细致的工作已经进行了几个月或几年。我发觉这张纸实际上是一片布，上方绘出的一张嘴的图案（肯定是聚集起来的符号偶然组成的）其实是一个女人的形象。我把这片布像缠头巾一样围在头上，裸着上身一动不动地坐在桌前，好像一个印度苦行僧一样陷入迷狂（或者，我今天想来，那是一种类似于杀死妻妾之后以匕首自刎的君王的迷狂）。我的妻子穿着一条很长的白色睡袍站在我旁边，像一个幽灵。看到我缠着头巾，她带着一种难以形容的悲伤喃喃道（就好像她方才终于发现，这么长时间以来我所做的事情意味着什么，我一个个聚集起来的符号所形成的意义）："啊，原来是这样……"我一直处于迷狂中，心想，现在剩下的只有死亡了。我把手伸向办公桌右边的抽屉，那里——在梦中如同在现实中一样——一直放着我的左轮手枪。可是我伸手拿枪的动作中断了我的迷狂，然后我醒了。

第二天，我觉察到头巾上的女人是我一位朋友。前一天，我曾帮她系过头巾。而写满符号、形成嘴巴图案的布，稍后我发现了它的来源：我卧室的百叶窗（我和我妻子、母亲同住的套房中的卧室）。百叶窗上方有一处破损，透光的缝隙使它看上去像一张嘴。每天早晨我一睁眼都能看到这微张的嘴，有时好像是在亲吻。

流血的肚脐

我从一个公共场所走出来，那里正举行婚礼或庄重的仪式，我的右臂揽着我那位女友的肩膀。我大哥（我不喜欢的那位）在我们旁边走着,对我说着一些我丝毫不感兴趣的话。不知是有心还是无意,他只对着我说话,表现得好像我的女友不存在一样。而我,我只能感到相对于女友来说他的存在。我和我的女友被隔离出来：对我们来说,好像外在世界不存在;对外在世界来说,则好像我们不存在。或许正因如此,我哥哥看不见我的女友。我的女友和我谈起我们的隔绝,谈起相对于其他出双入对的人而言,我们的特殊性。

她和我来到了一个地铁站入口,在镂花铸铁的扶栏前相对而立,我们争吵起来。争吵令我们心痛,我们和好了。为了抹去这痛苦,语言是不够的,于是我们第一次温柔地相互亲吻。我们中的一个,或我们两人,好似预言般地说："若有一天我们发生争执,我们一定要和好……"那亲吻是那么温柔。

布景变了：她和我单独在一个房间里,是一所小公寓的一部分。房间的布置很简陋：廉价的壁纸已经褪色,好像一个贫寒学者的书房。我的女友裸体躺在沙发上,只穿着一双雨靴。我抚摸着她的乳房。我看到她的肚子好像紧绷、肿胀着,在她的肚脐上我发现一小摊血。我感到一种痛彻肺腑的怜悯,一种无比深切的同情,就好像她的秘密、她的伤疤被我揭开了。我用一块棉花团十分温柔地拭去她的血。然后——如此真切地——我把脑袋埋到她的大腿之间。

梦在平庸的日常生活中继续。最后一个形象来自一个社会主义者分发给工人的宣传册,在纸页下方画着一双带扣的高筒靴,风格好似老皮匠铺的标志。同一夜,紧接着这个梦，我又梦见自己送那位女友回家。她姐姐和我们在一起——一个有点粗俗的胖姑娘，好像我曾经对她也献过殷勤。好像还有另外一个朋友。我们两两走在一起，拉开了较远的距离。快走到时（在一条全是奢华房子、灯火通明的新路上），女友好像这样对我说："我挺喜欢你（也就是说她爱我，完全是这个词的意思，但程度很浅），但说实话，我不喜欢你穿衣服的风格。"我非常沮丧：想到我的帽子（很多小伙子不戴帽子），我曾有过的那顶圆礼帽，想到我的收腰大衣、手套，想到我做作的一面，我的衣着打扮所代表的东西，想到我的拘谨，等等。我知道我没有变，并且，一旦要改变，就会出错。

我向我的女友解释说，用衣着打扮为自己构筑一道墙是多么的必要。

1930 年 12 月至 1935 年 11 月

注　释[1]

第16页　第1行：我刚过34岁……

这本书再版时我已45岁。如此大的跨度，仿佛是一本新书。我匆忙地做了些修正，这些注释变得不可或缺。

第39页　第7行：……我将忍受怎样的折磨……

关于忍受这种肉体上的苦痛——这个问题一直从理论上困扰着我——在德占时期，在军警所制造的恐怖中成了沉重的现实。它像个阴影印留在我心中，可以确定的是，如果我落入拷问者之手，被严刑拷打，我根本没有勇气什么也不说。

第39页　第15行：……第三幕……

事实上是第四幕，而不是第三幕。是士兵凯旋那一幕，有脍炙人口的合唱：

---

[1] 莱里斯为《成人之年》1946年再版所做的注释。

"我们不朽的祖先的荣光

让我们忠诚地,如他们一样死去……"

玛格丽特的哥哥便死在这一幕,靡菲斯托暗中相助,并不矫健的浮士德在决斗中神秘地将他一剑刺中。

第56页 第17行:……莫里哀,我讨厌这个作家,他所有的作品……

1941年1月,我看了《吝啬鬼》(那时,我们主动地回归古典,这种回归持续了整个德占时期),获得了巨大的乐趣,改变了对莫里哀的看法。在看过《伪君子》时,我已经感受到足够的震撼。看莫里哀的戏真正打动我的地方就是"我们听到的"语言,这语言在剧场中少之又少:它生动、具体,在舞美灯光下发出的每一个词,都像是一次迎面痛击,舞台上的一声鞭炮巨响。

第62页 第12行:……观众的姿态也被一种宗教氛围笼罩……

斗牛场中的小丑也被称作"活猴子",他们挥舞着皮鞭,声声作响,死去的斗牛被骡马牵拉出去。这一情景今天想来,与其说是宗教性的,还不如说更像是一种狂欢。狂欢多少保留着一些戏谑模仿的味道,无疑它来源于宗教节日。

第63页 第24行:……致命一击……

注 释

那时我并未理解致命一击其实仅仅是慈悲的一剑，如果我今天再写，不会再用"漂亮的"致命一击，这样的说法。至于下文提到的那个年轻的塞维利亚斗牛士，我想如果重见那一场景，我情愿将他的表现描述得更为合理客观。

第92页 第10行：……手腕鲜血淋漓……

我印象中这个伤口就好像是一颗剖开的无花果。或者，至少是，如今我每每见到剖开的无花果，就会联想到那个伤口。

第150页 第10行：……她的放纵让我担心自己被嘲笑和背叛……

在这儿，我需要坦白另外一些更为严重的想法，因为她出身低下，我当时对她有种轻蔑和藐视。我觉得她身上有股"流氓气"（事实上，也确实如此），不敢和她一起出入常去的地方。这也就是为什么，懦弱的我更喜欢妓女，她们更加放荡，却也更为优秀，她们丝毫不会顾及我。

第179页 第3行：……我终于更加明晰……

如今，我不再会以精神分析的方式表述，不再会谈论阉割。作为代替这种既让人生畏又令人渴望的惩罚，我乞求一种恐惧，将我裹挟其中，脱去我的责任——在那里，我倾向于倒向天平的另一端，逃离一切可怕的、坚决的男子气概——它是我所选择面对生命的全部态度（我们只有接受死亡，才能继续生活下去），它是肉体之爱让我感受到的一种特别的状况。

第 179 页 第 16 行：……可耻甚至恐怖的……

这里我应该写成"耻辱"（honte）和"焦虑"（angoisse），而并非"可耻"（ignominie）和"恐怖"（terreur）。因为这些感受来源于我自身，从属于我自导自演的喜剧，而可耻、恐怖之事远不能刺激我，它们只会让我退缩到自己的壳里。

第 182 页 第 5 行：……穿着一条很长的白色睡袍……

在这个梦中，那个穿白色长睡袍的女人的出现，主要是作为我的证人，换句话说：注视着我生命流转的目光，在她面前，我的生命应该有确定的意义，只有她可以评判我的好坏。然而，在这种道德律令的关系之外，我们之间被一种非常温柔、暧昧的东西所联系。

我们忘不了童年时第一次品尝某种无上美味时的情景。对我来讲，第一次吃冰激凌那天，天崩地陷。对她来讲，是香蕉。还是小姑娘时，一天，她被带去离家最近的城里拔牙，为了安慰她的疼痛，带她去的人给她买了一根漂亮的水果。现在看来显得十分平常，可就在并不久远的过去，除了巴黎和一些大城市，这种水果还很少见。补偿者想要安慰的孩子，如今成了我的伴侣，想到这礼物，我心如刀绞。这事令人极度悲伤，我们给年轻人一些甜头，是为了让他们忘记降临于世便坠入其中的陷阱。

注 释

相同感受的另一种记忆，几乎偏向了违背道德的一面：萨德的朱斯蒂娜还小的时候，对父亲的死感到无尽的残酷，在从修道院归来的姐姐怂恿下，她夜晚在床上自慰；一个乡村节日里，农夫（《走出深渊》[1]或是其他那些生死冒险中的乔治·奥布莱恩[2]）给了他年轻的妻子（茂瑙电影《日出》[3]中的珍妮·盖诺[4]，如果我没记错）一块蛋糕，因为，为了和一个荡妇纵欲偷情，他刚刚企图将妻子从船上推入水中。

现在是1964年，距离这些老注释又过去了将近二十年，应该做些更新，我想至少要加入下面这一条。

第85页 第14行：……这出普契尼的垃圾戏……

1951年3月19日，在那不勒斯的圣卡洛剧院观看完《西部姑娘》之后，我开始对普契尼的音乐无限着迷。诚然这出戏有些乱搞，但并不粗俗，它总能与一出悲剧的跌宕起伏相吻合，既热烈又轻盈，有时激情昂扬无以复加，而美妙的流动感又绵延不绝，完全是克劳迪奥·蒙特威尔第[5]开创

---

[1] 电影 Hors du gouffre。
[2] 电影演员 George O'Brien。
[3] 导演 F. W. Murnau 和他的电影 L'Aurore。
[4] 电影演员 Janet Gaynor。
[5] Claudio Monteverdi（1567—1643），意大利作曲家、制琴师。16世纪末，受到贡扎加家族资助，他与宫廷歌手合作出版牧歌。而《奥菲欧》(L'Orfeo)是蒙特威尔第最出名的歌剧。

的路径。因为托尔夸托·塔索[1]的这个朋友不但转向歌剧早期的现实主义,还扩大了歌剧的受众,使它不仅仅局限于宫廷,更重要的是他的歌剧创作被一种文学上的"表现主义"所指引:使音乐适合去再现语言和语言做承载的情感价值。

  喉癌的恶化阻碍普契尼完成他的歌剧《图兰朵》。这出洋溢着奢华中国风的歌剧来自卡洛·戈齐[2],有意避开当时的真实主义潮流。面对追求者,公主提出她的谜语,猜不出谜底的人将被枭首示众。应作曲家的愿望,与源自斯芬克斯和朱迪特的形象相对,剧作家创造出一个感人的角色,好像鲁克丽丝那样,这就是年轻的侍女柳儿。为了将追求者,也就是王子置于死地,公主逼迫柳儿说出他的名字,为了守住这个秘密,柳儿举刀自尽。这种自戕在普契尼的戏中很少有幸存下来的,早在《蝴蝶夫人》中它被描述成一种剖腹,而柳儿之死是他写的最后一出。这出戏要以不完整的形式再现,有人走上台前宣布:"大师已死。"这是普契尼写作此剧时所说的话,他打算以他最美的爱情二重唱收官,对此他想要给出他全部的砝码,就如同一份遗嘱。尽管饱受病痛折磨,大获成功的作曲家受好奇心的驱使,毫不犹豫地坐车跑了上百公里路程,来聆听另一位音乐家的音乐。这位音乐家在当时几乎被所有人排斥,只有几个人说他是大革新者,他就是阿诺

---

[1] Torquato Tasso(1544—1595),意大利 16 世纪诗人。
[2] Carlo Gozzi(1720—1806),意大利剧作家。

德·勋伯格[1]。音乐会之后，两人进行了最热忱的会面交谈。

1958年，我参观托瑞德拉古（Torre del Lago），普契尼的房子被改造成博物馆，我看到他工作用的直立式钢琴。在去参观私人礼拜堂的作曲家之墓以前，我被告知，在棺椁挨着的那面墙的背后倚靠着一架钢琴。我禁不住联想，艺术家选择的棺椁也许正是这"黑木箱"，他将自己的遗骸交付给刚刚还演奏过他音乐的钢琴。钢琴就像一个母体，孕育着艺术家所坚守的东西。他曾经发出惊人的断言，在艺术的外衣之下，死人也可以得到重生。这种幸运可以与《图兰朵》中不知名的王子相比较，原本等待他的是施洗约翰和霍洛芬斯的下场，可他却将狠心的公主感化成温柔的情人。

---

[1] Arnold Schönberg（1874—1951），奥地利作曲家、音乐教育家、音乐理论家，勋伯格在1923年提出"十二音列理论"，影响了20世纪音乐的后续发展。

译后记

米歇尔·莱里斯（Michel Leiris，1901—1990），20世纪法国作家。他是"一战"后巴黎艺术大爆炸黄金时代的一员，见证了20世纪几乎所有的运动与思潮。作为民族学家，他参与了30年代初那次著名的穿越非洲的人类学考察，写就了那本"反人类学"的人类学名著《非洲幽灵》(*L'Afrique fantôme*)。他更是一位以探究、剖析、袒露自我而试图触摸绝对真实的作家；以自身的写作实验，重新定义了自传文学，并赋予其现代意义。因作品《成人之年》(*L'Âge d'homme*)和四卷本的《游戏规则》(*La Règle du jeu*)，莱里斯被赞誉为20世纪的蒙田、卢梭，然而比起两个前辈，他显得"更古怪，更严厉"[1]。作为大画商康维莱尔（Daniel-Henry Kahnweiler）的女婿，他与现代画家中最重要的几位（马松、毕加索、米罗、贾科梅蒂、培根）交往颇深，亦是20世纪先锋艺术最早的鉴赏者、批评者与收藏者。

---

[1] 苏珊·桑塔格，《米歇尔·莱里斯的"男子气概"》。

译后记

《成人之年》这本自传 1930 年开始动笔，1935 年完成，被交到伽利玛出版社编辑让·保兰（Jean Paulhan）的手中，直到 1939 年付梓。起初，这本书不是一本真正意义的自传。莱里斯应朋友乔治·巴塔耶的邀约为巴塔耶编辑的一套色情文学丛书撰写一部小说。莱里斯迟迟不知如何下笔，便向巴塔耶试探，是否可以写一部从自身出发，触及色情这一主题但非虚构的作品。得到巴塔耶的首肯后，莱里斯开始搜集整理童年、青年时代发生在自己身上有关色情的事件，对于色情的幻想，围绕色情的谵妄，写成《鲁克丽丝、朱迪特和霍洛芬斯》（*Lucrèce, Judith et Holopherne*）。他往往将自己的性困惑与历史传说中的人物相对应，例如把自己被阉割的幻觉比喻成遭犹太女英雄朱迪特枭首的亚述人首领霍洛芬斯。通过逐层的剖析，从色情的视角，将一种简单的忏悔转化成记忆的缩影和对生命全景式的观照。

不幸，巴塔耶的色情文学丛书因被查禁而夭折，莱里斯的手稿也被搁置在抽屉中。直到 1934 年，莱里斯才将它重新翻出，并以此为基础展开他新的自传写作。重新改写旧书稿的念头其实另有原因。从 1929 年到 1935 年，米歇尔·莱里斯因为酗酒、写作的困境和性的障碍断断续续地接受精神分析治疗，他的医生阿德里安·博莱尔[1]同时也是巴塔耶和雷蒙·格诺的医生。在博莱尔的鼓励下，巴塔耶完成了《眼

---

[1] Adrien Borel，20 世纪初以给作家做精神分析治疗而著称的法国心理医师。

睛的故事》(*Histoire de l'oeil*)，格诺写就了诗体自传《橡树与狗》(*Chêne et chien*)，莱里斯则动笔重写了他的《成人之年》。

虽然莱里斯在1929年时就已经疏远了布勒东和超现实主义运动，但正如他自己所说的，事实上他的写作仍受着超现实主义的影响。《成人之年》并非通常意义上的自传，书中充满了他过去的记忆、梦境与图像，以及性的困惑。在这里我们找不到生平事迹，有的只是数不清的生命片段。看似繁杂的文本既不以时间为序，也没有什么内在逻辑，但这些片段的指向只有一个，就是弄清楚自己，并通过认清自己而给普遍意义上的"人"下一个准确的定义。这种忏悔录式的文本将作者最隐私的内心世界暴露在读者面前。莱里斯试图通过这种办法重新确立自己与亲人、朋友和周遭世界的关系，使之不再有任何虚伪与矫饰。他不惜冒着众叛亲离的危险，因为"如果写作仅仅是'美'的、不痛不痒的、不冒风险的；如果写作这个行为没有像斗牛士一样，需要面对与公牛锋利犄角相当的东西；……如果写作带来的只是芭蕾舞鞋似的虚幻浮华，写作这件事是不是无甚价值"？对他来讲，文学更应该是一种反向的"介入"，不是我们通常所说的用文学来介入现实世界，而是将作家自己完全毫无保留地介入到文学中去。

就像《霍洛芬斯之恋》一章，莱里斯既讲述了自己从初恋到婚姻的一段经历，同时，故事也是从个人视角对"一战"后法国"疯狂年代"的一次全景式的描述。战争随着美国介入而结束,美军中的黑人士兵又将刚刚在美国诞生不久的爵士乐带到了欧洲大陆。这种混杂着黑人苦痛与欢乐,融合着非洲元素与欧洲传统的音乐,一经抵达法国就马上融入了战后狂欢的大氛围当中,如同作者所说,"战后大放纵的时代,爵士乐成为一个召集的信号、一面狂欢的旗帜、涂抹时代背景的色彩"。正是在这样的背景之下,年轻的莱里斯与他的朋友们混迹于酒吧、演出和舞会,通宵达旦、彻夜狂欢,他的恋爱故事也就融会贯穿其中。莱里斯试图用自己毫无遮掩、近乎残酷的坦诚来呈现出自己的情感经历,他将自己比喻成霍洛芬斯,"头颅羞辱地沉浸在血污之中,在发酸的酒浆和浪漫的朱迪特污迹斑斑的裙子之间"。

1946年,当米歇尔·莱里斯为《成人之年》的再版撰写序言时,正值战后人文大反思。对于这个经历了两次世界大战的作家,如果说前一次大战时莱里斯还年轻,并未对战争有足够的反思与感悟,那么当第二次世界大战来临时,自信已经足够成熟的莱里斯面对这毁灭性的灾难与灾难对世界、对人类自身无理性的摧残时,却又不禁怀疑文学或者艺术是否还有存在的价值?在《文学斗牛术》中,莱里斯试着给出自己的答案。对莱里斯来说,写作不应该是轻率的、浮华的,它应该拥有自己严苛的法则。写作应该与斗牛术相像,如同斗牛士面对飞奔而来的公牛刺出自己的长剑,也随之将自己的身体完全暴露在致命的危险之下。文学,或者自传的写作亟需展现给读者一种毫无保留的真实。作者应将自己的赤裸之躯展现在文本当中,这也就是莱里斯所谓的"本真"

（authentique）的风格。以此，莱里斯重新定义了20世纪的自传文学写作："将一只牛角的阴影引入到文学中来。"

《文学斗牛术》可以看作莱里斯为自己、为现代自传文学订立的契约和法则。在此之后，从1948年到1976年，莱里斯的自传写作坚持了28年之久，连续出版了四卷本自传[《删除》(*Biffures*，1948)、《杂七杂八》(*Fourbis*，1955)、《小纤维》(*Fibrilles*，1966)、《脆弱的杂音》(*Frêle bruit*，1976)]，合称为《游戏规则》[法语中游戏"jeu"的发音与主语我"je"的发音极相似，因此，米歇尔·莱里斯毕生寻求的"游戏（自传）规则"亦是"我"的规则，是作者自己独一无二的法则]。莱里斯将自传视作应用记忆来讲述记忆的活动，将自己写作的行为作为镜像投射到自己的作品中来，他通过书写自己、描绘自己，让生命存在于这种写作的过程当中。换句话说，莱里斯是在用生命写作生命。

作者简介：

米歇尔·莱里斯（1901—1990），早年学习化学，"一战"后混迹于巴黎"疯狂时代"的酒吧、俱乐部，成为欧洲第一批接受爵士乐的知识分子，结识诗人马克斯·雅各布和画家安德烈·马松，加入超现实主义运动。受弗洛伊德影响，开始了语言与梦境中徘徊的诗歌实验。1926年娶了画商康维莱尔的养女，从此与20世纪几位一流画家，如毕加索、米罗、贾科梅蒂、培根交好，成为一个出色的艺术批评家。1929年加入乔治·巴塔耶主编的《档案》杂志，渐渐疏离布勒东的超现实主义团体。30年代初，受马塞尔·格里奥勒邀请加入穿越非洲的考察队，历时两年，回到巴黎后出版了他的旅行手记《非洲幽灵》。1934年开始写作《成人之年》，用一种残酷的直白剖析自己的身体与灵魂。战后，介入萨特的《现代》杂志，并于1955年访问中国，其旅行的《中国日记》用一种独特客观的记录描绘了疯狂时代前夜的中国。1957年自杀未遂，反而成了他那一代最长寿的一个。正如苏珊·桑塔格所评价的："莱里斯是个重要的诗人，20世纪20年代巴黎超现实主义一代老资格的幸存者，而且是一个相当杰出的人类学家。"

译者简介：

东门杨，本名王彦慧，图文符号学博士，毕业于法国巴黎第七大学，执教在中央美术学院，著有《米歇尔·莱里斯与爵士乐》（法语版），《香料》。

法兰西思想文化丛书

《内在经验》
[法]乔治·巴塔耶 著　程小牧 译

《文艺杂谈》
[法]保罗·瓦莱里 著　段映虹 译

《梦想的诗学》
[法]加斯东·巴什拉 著　刘自强 译

《罗兰·巴特论戏剧》（待出）
[法]罗兰·巴特 著　罗湉 译

《成人之年》
[法]米歇尔·莱里斯 著　东门杨 译

《异的考验：浪漫主义时期德国的文化与翻译》（待出）
[法]安托万·贝尔曼 著　章文 译